COLLECTION MICHEL LÉVY

AVENTURIERS
ET
CORSAIRES

OUVRAGES

DE

XAVIER EYMA

Parus dans la collection Michel Lévy.

Les Peaux Noires.................................... 1 vol.
Les Femmes du Nouveau-Monde................. 1 —
Les Peaux Rouges.................................. 1 —
Le Roi des tropiques.............................. 1 —
Le Trône d'argent.................................. 1 —
Aventuriers et Corsaires......................... 1 —

Corbeil, typ. et stér. de Crète.

AVENTURIERS
ET
CORSAIRES

PAR

XAVIER EYMA

PARIS

MICHEL LÉVY FRÈRES, LIBRAIRES-ÉDITEURS

RUE VIVIENNE, 2 BIS

—

1861

Tous droits réservés

AVENTURIERS ET CORSAIRES

LE GAOULÉ

I

Le 4 janvier 1717, la frégate française *la Valeur* courait à toutes voiles sur la Martinique, portant à son bord le marquis de la Varenne que le conseil de marine venait de nommer gouverneur général des îles.

Vers le soir, le capitaine, afin d'éviter les atterrissages pendant la nuit, fit virer de bord à la frégate, au grand désappointement des passagers.

Seul, de la Varenne avait manifesté de l'indifférence pour ce retard de quelques heures dans le terme d'un voyage qu'il eût presque souhaité de ne pas voir finir, tant il éprouvait de dépit à jouir des honneurs d'un poste où ses alliances, bien plus que son mérite, l'avaient élevé.

Retiré dans sa chambre, il lisait avec une irritation mal dissimulée lès plis ministériels qui renfermaient ses instructions. Par moment, il levait les yeux pour les fixer sur une femme mollement allongée, en face de lui, dans un grand fauteuil, et à moitié sommeillant au bercement des roulis du navire. Le front soucieux de la Varenne se rassérénait alors, et le sourire sur les lèvres, il semblait dire :

— Du moins aurai-je en elle une consolation.

Cette femme pouvait avoir de vingt-cinq à vingt-sept ans. Elle se nommait ou se faisait appeler comtesse de Saint-Chamans, et parlait avec étalage de ses alliances et de ses amitiés illustres au milieu desquelles le marquis se trouvait en parfaite familiarité. Des manières séduisantes, de grands airs peut-être un peu étudiés, un tour d'esprit vif et libre, des piéges de coquetterie habilement dressés lui assuraient sur tous ceux qui l'approchaient ce despotisme charmant de la grâce, supérieur à la douteuse influence d'une beauté régulière. De la Varenne y avait succombé au grand orgueil et aussi à la grande joie de la comtesse.

Sur le compte de cette femme, le commandant de la frégate ne savait rien, sinon que l'ordre de lui donner passage à son bord avait été écrit et signé de la propre main du maréchal d'Estrées, président du conseil de marine. Quelle fortune allait-elle courir aux îles ? C'était là un secret que personne n'avait pu pressentir ; car, pour tous, elle était demeurée enveloppée dans un mystère que de la Varenne lui-même avait été obligé de respecter.

— Je ne sais en vérité pas, s'écria tout à coup le marquis, en jetant avec dépit sur la table un volumineux cahier, d'où vient cette tendresse de monseigneur le régent pour des pays et des gens si éloignés de la France !

— Qu'avez-vous donc encore ? murmura la comtesse en paraissant s'éveiller.

— J'ai, que plus je lis ces instructions, plus je me sens de haine pour ces colons que l'on m'envoie gouverner... Et la présence à bord de ce jeune créole, que l'on nous a donné pour copassager, n'a pas peu contribué à exciter mon antipathie. Avez-vous jamais vu un esprit plus fier, plus indépendant, plus irascible ?

— Il est vrai, fit la comtesse ; et si M. d'Autanne donne la mesure exacte de ces gentilshommes à moitié sauvages avec qui vous aurez affaire là-bas, vous devez, mon cher marquis, vous bien tenir. Mais, que voulez-vous, quelques-uns de ces gens-là ont étalé en France des façons chevaleresques qui ont fait merveille. Il ne faut pas vous étonner des sympathies du régent, c'était une épidémie à la cour. Je ne sais pas si ces créoles ont éveillé la curiosité qui s'attache toujours un peu aux phénomènes, ou bien s'ils possèdent des sortiléges d'esprit, toujours est-il qu'ils ont conquis à Paris de chaleureuses amitiés.

— Oui, oui, on m'a dit cela ; mais ce sont d'odieux hypocrites. A la cour, il est possible qu'ils se montrent francs, dociles, soumis au roi, civilisés même, peut-être ; en approchant de leur sol natal, ils reprennent la férocité des serpents qui peuplent leur île. Voyez ce M. d'Autanne ! Si un mot équivoque à l'endroit des créoles s'échappe de mes lèvres, si je laisse entrevoir un regret en faveur de la France, le sang lui monte aussitôt au visage, il devient quasi anthropophage.

— Vous avez raison au fond, reprit la comtesse, en donnant à sa voix ce ton velouté qui apaise les colères, mais il a été impolitique, ou tout au moins imprudent à vous, d'avoir si peu dissimulé devant M. d'Autanne vos préjugés contre ses compatriotes. Vous l'avez irrité, mal disposé, et je soupçonne que vous rencontrerez en ce jeune homme un ennemi redoutable.

— Que voulez-vous que j'aie à craindre ? Demain, nous serons à deux mille lieues de la France ; et, le cas échéant, chère comtesse, j'agirai à ma guise. Au diable donc les instructions du régent !

En parlant ainsi, de la Varenne fit voler au milieu de la chambre les liasses de papier qui chargeaient la table devant laquelle il était assis. Madame de Saint-Chamans haussa les épaules légèrement, et tendant la main en souriant au marquis :

— Voulez-vous que je vous dise, fit-elle avec une grâce charmante, ce qui vous rend si furieux ce soir ?

— Dites.

— Eh bien, vous êtes jaloux de M. d'Autanne. Vous l'avez vu, cette après-midi, m'adresser la parole, ce qu'il n'avait pas fait depuis huit jours, et la rage vous est entrée dans le cœur.

— Peut-être bien y a-t-il un peu de cela, répondit de la Varenne en s'appuyant sur le dossier du fauteuil où la comtesse s'était coquettement arrondie.

— Vous avez tort, mon cher marquis, et tort deux fois : d'abord, parce qu'un gouverneur jaloux doit faire un très-mauvais gouverneur ; ensuite parce que vous n'avez aucune raison d'être jaloux.

— Bien vrai, ma chère Claudine ?

— A coup sûr. M. d'Autanne, d'ailleurs, ne daigne seulement pas faire attention à moi.

— L'insolent !

— Voudriez-vous donc qu'il fût plus assidu ? Choisissez, cependant...

De la Varenne, pris en flagrant délit de contradiction, sourit et embrassa avec transport les mains de la comtesse.

— Ramassez vos papiers, et n'oubliez pas que les volontés du roi y sont consignées ; puis laissez le calme pénétrer dans votre cœur. Tenez, pour y mieux réussir, allez respirer sur le pont un peu de cette brise fraîche et parfumée qui paraît être un des bienfaits des nuits sous ces climats.

La comtesse, sans le laisser paraître, éprouvait une joie mêlée d'étonnement à voir avec quelle docilité de la Varenne se pliait à ses ordres. Dès que le marquis fut sorti de la chambre, le visage de madame de Saint-Chamans prit une gravité qui contrastait avec le masque de sourires qu'elle se composait si parfaitement. Elle se leva lentement de son fauteuil et murmura en donnant à ses paroles une intonation dont elle seule pouvait comprendre le sens :

— Oh ! j'en suis assurée maintenant, je gouvernerai à mon gré la Martinique !

En arrivant sur le pont de la frégate qu'un ciel tout constellé d'étoiles avait couvert d'une nappe de lumière, de la Varenne éprouva une émotion calme et douce. Soit que les conseils de la comtesse eussent réellement apaisé les emportements de son caractère, soit que la poésie du spectacle grandiose qui s'étalait à ses yeux l'eût réellement touché, le marquis se sentit comme enclin à l'indulgence et presque à la tendresse.

La première personne qu'il rencontra fut Henri d'Autanne, cet objet d'une haine qu'il avait si peu dissimulée. Henri, appuyé contre la drisse de la frégate suivait, avec des rêves dans les yeux, les chemins lumineux que les étoiles dessinaient sur les courbes gigantesques du firmament et sur la surface tourmentée des flots.

C'était un beau jeune homme de trente ans, aux traits mâles et doux à la fois, un mélange de fermeté et de bienveillance. De la Varenne comprit alors, pour la première fois, les vives et chaudes sympathies qu'Henri réveillait autour de sa personne. Il ne l'avait jugé, jusqu'à ce moment, que par les côtés rebelles à ses prétentions de despotisme et avec les préventions qu'il nourrissait contre les créoles.

Au moment de son départ, on avait bien mis le marquis en garde contre l'esprit de fierté et d'indépendance qu'il devait rencontrer chez les colons; mais il avait pris mesure des résistances auxquelles devait se heurter la violence de son tempérament, sur l'allure hautaine de Henri d'Autanne, véritable type du gentilhomme créole; brave jusqu'à la témérité, justement orgueilleux de l'héroïsme déployé par ses ancêtres dans la conquête sur de féroces Naturels, d'un sol arrosé par le plus beau et le plus noble sang de la France.

Henri était, en effet, le type le plus complet de ces enfants d'un climat où le soleil coule dans les veines. Il avait le regard provocateur et le don de mêler une suprême insolence à une extrême courtoisie, tant sa parole, au besoin, devenait acerbe tout en demeurant polie.

De la Varenne s'approcha du jeune créole, s'accouda familièrement à ses côtés et d'un ton tout à fait amical :

— Que cherchez-vous ainsi, monsieur d'Autanne, lui demanda-t-il, dans les mystères de cet horizon ?

— Je cherche, monsieur le marquis, si, à la clarté de ce ciel éblouissant d'étoiles et aux lueurs qui jaillissent du choc des lames, je ne découvrirai pas un coin de mon île...

— Ce serait bien difficile, répliqua la Varenne ; nous ne serons en vue de terre que demain.

— Aussi, n'ai-je point la prétention, répondit froidement Henri, d'avoir le regard si long et si perçant : mais ce que l'on ne saurait distinguer avec les yeux, on le peut deviner avec l'âme. Il me semble d'ailleurs, que cette brise qui souffle justement de terre, m'apporte un vague parfum de ce rivage dont chaque bond du navire nous éloigne et nous rapproche en même temps.

— Ah! vous aimez bien votre île, monsieur d'Autanne!...

— Ardemment, monsieur. Je l'aime à tout lui sacrifier : ma liberté, ma vie, toutes mes joies de ce monde. Ma mère y repose endormie dans une tombe que je n'ai pas eu le douloureux bonheur de fermer sur elle; je vais embrasser mon père, après plus de quinze ans de séparation, et une sœur que j'avais laissée au berceau, et en qui revivra devant mes yeux et devant mon cœur la chère image de ma mère. N'est-ce pas assez déjà pour qu'on aime son pays?

De la Varenne avait écouté Henri avec recueillement, tant le jeune créole avait mis d'émotion et de douce gravité à prononcer ces paroles.

— Et puis, reprit Henri sur un ton plus sérieux et auquel il prêta une intention évidente, ce pays est comme un pauvre exilé au milieu des flots de l'Océan. Le bras, le courage, et l'épée de ses enfants sont nécessaires, souvent, pour le conserver au roi de France, et pour le protéger contre des ambitieux vulgaires qui voudraient les uns l'asservir à leurs caprices, les autres y semer la discorde. Tous ces cas se sont présentés depuis que j'ai quitté cette île. Caraïbes, esclaves, ennemis de la France, représentants du roi, fauteurs de désordre, y ont tour à tour porté la guerre ou armé les colons les uns contre les autres. Qui sait, continua-t-il en regardant fixement le gouverneur, si de pareils malheurs ne se renouvelleront pas? Assez de fois, le sang de mon vieux père a coulé dans ces luttes héroïques et dans ces conflits déplorables ; il faut que je paie, au besoin, ma dette de courage et de dévouement. J'ai même le pressentiment que ma présence sera utile à mon pays ; j'ai donc raison d'avoir hâte de le revoir.

L'accent d'Henri était devenu presque menaçant ; son regard, que le marquis de la Varenne avait vainement cherché à saisir jusqu'alors, brillait d'un tel feu dans l'ombre, qu'il ne fut pas possible à celui-ci de le soutenir. Il détourna la tête, se sentant mal à l'aise sous l'accusation détournée que le jeune créole venait de diriger contre lui.

— C'est là, pensa de la Varenne, un adversaire redoutable contre qui j'aurai fort à lutter. La comtesse avait raison.

Un moment de silence suivit qui compliqua l'embarras du marquis. La réserve calculée de Henri l'intimidait ; il essaya d'échapper à cette position fausse.

— Monsieur d'Autanne, murmura-t-il en affectant un ton d'extrême bienveillance, vous vous exagérez des périls qui ne menacent point votre île : je vous félicite néanmoins de vos sentiments de patriotisme ; vous les traduisez en accents généreux.

Henri, que cette insistance du marquis impatientait, répliqua sèchement :

— Je gage, monsieur, qu'à la vue de ce pays vous n'éprouvez pas la même satisfaction que moi...

— Et c'est bien naturel, vous avouerez ! répliqua le gouverneur. Vous allez revoir des amis de votre enfance, embrasser votre père, que l'on dit être digne de l'estime de ceux qui ont l'honneur de lui être connus, tandis que moi...

— Non, monsieur, interrompit Henri, il ne devrait pas y avoir de distinction entre les sentiments que j'éprouve et les vôtres, quoiqu'ils n'aient pas la même source, je le reconnais. Mon émotion est toute d'amour, la vôtre, que vous dissimulez en ce moment, est toute de haine. Je vais revoir et embrasser des amis et une famille qui me sont chers ; mais vous oubliez, vous, que vous allez vous trouver au milieu d'une population composée d'hommes de cœur et à laquelle vous devriez être honoré de commander. Votre joie devrait donc égaler la mienne.

— Monsieur..., commença de la Varenne, frémissant de colère.

— Pardon, monsieur le marquis, vous ne m'avez jamais confessé, Dieu merci ! votre répugnance pour une mission que d'autres avant vous ont tant enviée, et que d'autres après vous convoiteront sans doute ; mais j'ai deviné, j'ai pressenti, monsieur, cette répulsion, et j'en garderai bon souvenir. Votre peu de sympathie pour moi, uniquement parce que j'étais créole, m'a été un avertissement. Vous avez provoqué cette expansion brutale de mes sentiments ; s'ils vous ont blessé, ne vous en prenez qu'à vous-même. Permettez-moi d'ajouter, pour finir, monsieur le marquis, que c'est un peu tard y songer pour tenter ma conquête...

Henri salua de la Varenne et se retira. Celui-ci, pâle de rage, le cœur gonflé, s'était éloigné, méditant comment il se vengerait de l'humiliation que d'Autanne venait de lui infliger.

— Oh! s'écria-t-il en rentrant dans sa chambre, messieurs les colons me le paieront cher ! J'ai grande tentation de jeter à la mer, pour qu'il n'en reste plus trace ni souvenir, les instructions de monsieur le régent !

II

Le lendemain, à la pointe du jour, du haut des mâts de la frégate, une voix cria : *Terre à babord !*

A ce cri, tous les regards s'étaient dirigés sur le même point de l'horizon, obscur encore. Peu à peu, cependant, à un des coins de ce désert de brumes, se dessina vaguement, et à peine au-dessus du niveau des lames, une sorte de dôme pâle, un nain de vapeurs et de brouillards qui, grandissant de minute en minute, se dressa tout à coup comme un fantôme géant. C'était le piton du Vauclin, le point culminant de la Martinique.

Henri d'Autanne, debout sur le beaupré du bâtiment et le cœur en vigie, fut le premier à lire dans ces pages du mystérieux horizon. Il ressentait au fond de l'âme des élans de joie indicible, et se demandait si, pour le récompenser de son attachement, ce n'était pas son île qui venait à lui, plutôt qu'il allait à elle.

Vers midi, la frégate entra dans la rade de Saint-Pierre et y jeta l'ancre, après avoir reçu et rendu sous voiles le salut de feu que lui envoyèrent de terre la mousqueterie et le canon des fortins.

Quelques instants après, de la Varenne débarquait. Obéissant à la fois à ses préventions et irrité encore de sa conversation de la veille avec Henri d'Autanne, il reçut hautainement le conseil souverain de la colonie, et annonça la résolution d'exercer son autorité dans des conditions absolues de despotisme et de bon plaisir.

— Je ne sais pas dissimuler ma pensée, ajouta-t-il. La courte histoire de ce pays compte déjà plus d'une page ensanglantée de troubles et de révoltes ; or, je ne veux souffrir aucune atteinte à mon pouvoir. Que ceux à qui mes paroles et mes actes futurs déplairont essaient de résister, et nous verrons qui aura raison d'eux ou de moi.

— Savez-vous bien, monsieur, lui objecta un des assistants, que vous venez de prononcer peut-être l'arrêt de mort de cette colonie? Notre vie, vous l'ignorez sans doute, se passe à nous défendre contre les Caraïbes et les esclaves *marrons*. De ces derniers, deux chefs redoutables nommés Macandal et Fabulé tiennent, en ce moment, nos armes en échec. Quand ils apprendront la désunion qui existe entre vous et les colons, vous pouvez compter qu'ils marcheront à la conquête de nos habitations par le pillage, le meurtre et l'incendie.

— Et d'abord, répliqua la Varenne en notant dans sa mémoire le nom de l'audacieux colon, si vous avez des esclaves *marrons*, ne vous en prenez qu'à vous-mêmes, qui êtes des maîtres cruels et injustes. Ce pays n'est pas si vaste qu'on ne puisse aisément y maintenir l'ordre et la paix, de quelque part que vienne la révolte. Et rappelez-vous, en réponse aux menaces contenues au fond de votre soi-disant respectueuse observation, que si c'est du côté des blancs que s'élèvent des troubles contre mon autorité, je me servirai au besoin de ces deux redoutables ennemis de votre repos et de vos propriétés ; de même que je saurai vous défendre contre leurs agressions, si le bon droit est pour vous.

De la Varenne tourna les talons et laissa les colons dans une profonde consternation. Les imprudentes paroles du gouverneur circulèrent rapidement d'un bout à l'autre de la ville ; elles étaient connues partout dès le soir, et peut-être même au fond de ces bois à peu près impénétrables alors, et qui servaient de repaires aux bandes de nègres *marrons*. Elles soulevèrent un sentiment unanime d'indignation, et les colons, en les entendant répéter d'écho en écho, y répondirent par un qui vive général.

Le lendemain de son arrivée, Henri d'Autanne allait se mettre en route pour l'habitation de son père, située au bourg du Prêcheur, à quelque distance de Saint-Pierre. Au moment de son départ, il fut accosté par un jeune créole qui, pressant sa main avec effusion, lui dit tristement :

— Ah ! mon cher Henri, il a été proféré, hier, de lugubres paroles qui voilent d'épais nuages le ciel de ce pays.

— Mon cher du Buc, répondit d'Autanne, mieux vaut cette franchise qu'une hypocrite bienveillance; mais ce ne sont là que des paroles encore !...

— Je redoute les actes.

— Moi, je les souhaite; on en finit plus vite avec les hommes d'action.

— A la bonne heure, Henri, vous nous rapportez un cœur vraiment créole.

— A l'œuvre, s'il est besoin, vous me retrouverez.

— Qui sait! fit du Buc en soupirant. Déjà hier au soir, sur les flancs des pitons et de la montagne Pelée, on a remarqué d'espace en espace, des feux de joie allumés par les *marrons* qui s'attendent évidemment à être aidés ou soutenus par M. de la Varenne. Tenons-nous sur nos gardes. Ah! ce malencontreux gouverneur aurait bien dû se noyer en route.

— Merci bien, et moi?

— A la condition que vous vous seriez sauvé du naufrage, cela va sans dire. A propos, reprit tout à coup du Buc, quelle est donc cette passagère de la frégate qui paraît fort liée avec M. de la Varenne?

— Cette passagère...

— Tenez, la voici à sa croisée, et qui darde sur vous des regards indéfinissables. On ne saurait dire si c'est de l'amour ou de la haine.

Henri leva les yeux dans la direction indiquée par du Buc et aperçut la comtesse; il la salua froidement. A ce moment passait à côté des deux jeunes gens, un homme de vulgaire encolure et portant le costume des engagés, sorte d'esclaves blancs qu'un service temporaire liait aux colons propriétaires. Celui-ci, ayant entendu et vu du Buc désigner la croisée où se tenait madame de Saint-Chamans, avait machinalement levé la tête. Son visage, pâle comme un marbre, prit une expression de stupéfaction.

— Quelle est cette femme, dites-vous, mon gentilhomme? fit-il en s'adressant à Henri.

— Madame la comtesse de Saint-Chamans.

Il poussa un gros rire et ajouta :

— Nous nous en assurerons bien !

— De quoi voulez-vous vous assurer? demanda du Buc en arrêtant l'engagé par le bras.

— Si cette comtesse n'est pas plutôt ma femme ! Du diable, si je me trompe, par exemple !...

L'engagé quitta les deux créoles, et se dirigea vers la maison de madame de Saint-Chamans. Celle-ci, qui n'avait pas détaché ses yeux du groupe des trois personnages, s'était retirée vivement de sa croisée. Ce mouvement de retraite soudaine, qui n'échappa point à Henri et à du Buc, concordait avec l'apparition du nouveau venu aux abords de la maison. Évidemment, la comtesse avait été saisie d'un sentiment de terreur égale à l'étonnement de ce mari inattendu.

— Voilà qui est étrange, ne trouvez-vous pas, Henri?

— En effet, et savez-vous le nom de cet homme?

— Oui ; il s'appelle Dubost.

— Eh bien, mon cher du Buc, surveillez de près et discrètement ce mystère dont nous venons de surprendre le premier mot.

Les deux jeunes gens se séparèrent. Du Buc se dirigea du côté de la maison, à la porte de laquelle Dubost frappait à tour de bras.

— Que vous ayez ou non le droit d'exiger que cette porte s'ouvre à vos sollicitations, l'ami, elle restera close aujourd'hui pour vous. Ne vous obstinez donc pas inutilement, et venez causer un peu avec moi.

III

Pendant la nuit suivante, au fond d'un des bois qui couvraient et qui couvrent encore aujourd'hui les flancs et le sommet de la montagne Pelée, au pied de laquelle est appuyée la ville de Saint-Pierre, une centaine de nègres entouraient un foyer de cendres derrière un rempart de rochers. C'était le campement d'une bande d'esclaves *marrons* (1) commandée par un mulâtre

(1) On n'est pas bien fixé sur l'étymologie du mot *marron*. On le fait dériver du mot espagnol : *marrano*, qui signifie petit cochon, ou de *simaron*, c'est-à-dire singe. L'habitude des esclaves fugitifs de vivre au fond des bois justifierait l'une ou l'autre de ces étymologies.

nommé Macandal, l'un des deux chefs redoutables signalés au marquis de la Varenne.

Ce Macandal était précisément esclave du chevalier d'Autanne, le père du jeune créole passager de la frégate *la Valeur*. Il était absent depuis la veille, et cette absence devenait un sujet de crainte pour le camp tout entier. Deux nègres, grimpés en vigie au sommet d'un arbre, étudiaient aussi loin que leur perçante vue pouvait s'étendre, et grâce aux splendides illuminations de la lune, les sentiers connus d'eux seuls. Au pied de cet arbre, une vieille négresse, de haute stature, la poitrine débraillée, la tête nue, blanche et crépue comme une toison, le corps à moitié vêtu d'un haillon de toile, s'agitait dans une inquiétude fébrile. De temps en temps, elle levait les yeux vers les deux nègres, et leur adressait cette question vingt fois répétée déjà :

— N'apercevez-vous donc pas mon fils ?

Cette négresse était la mère de Macandal.

— Non, répondaient les nègres.

Et à cette réponse la vieille éclatait en sanglots.

— Ils l'auront pris ! disait-elle en s'arrachant les cheveux et en faisant des signes de croix. — Ils l'auront pris et ils l'auront tué !

Les deux vigies ne descendirent de leur observatoire qu'après le coucher de la lune, quand ils jugèrent leurs services inutiles. La plus grande consternation régnait dans le camp ; les *marrons* gardaient le plus profond silence. On n'entendait que les sanglots, les invocations et les cris de la vieille négresse. Personne n'eût osé lui adresser un mot de consolation, car elle rugissait plutôt qu'elle ne pleurait.

Ce n'était pas pour la première fois, cependant, que Macandal s'absentait de son camp ; mais jamais, sauf les cas de prise d'armes ou d'expéditions, il ne s'était attardé aussi longtemps, et alors il marchait sous assez bonne escorte pour pouvoir vendre chèrement sa vie.

Il faisait jour déjà quand Macandal rejoignit ses compagnons. Saisissant entre les siennes les deux mains tremblantes de sa mère, il l'embrassa avec effusion.

— D'où viens-tu ? demanda la vieille.

— De chez mon ancien maître, répondit le mulâtre.

— Qu'allais-tu faire là ?

— Tu sais bien que depuis la mort de la bonne madame d'Autanne je voulais apporter au chevalier et à la chère mademoiselle Antillia mon tribut de chagrin. Je n'avais pas pu le faire plus tôt ; et puis à bord du bâtiment que nous avons aperçu au large, il y a deux jours, et qui a amené le nouveau gouverneur, se trouvait notre jeune maître, M. Henri. Je tenais également à complimenter M. d'Autanne sur l'arrivée de son fils.

— Les as-tu vus ?

— Oui, et j'ai dîné à la table de monsieur entre lui et sa fille.

— Es-tu fou, Macandal ?

— Non pas ; on ne m'a point invité, comme bien tu penses, mais je me suis invité. Il a bien fallu qu'on me cédât ; rien ne résistera plus à Macandal désormais, surtout depuis que nous avons un complice de plus dans le pays.

— Qui donc ?

— Le nouveau gouverneur.

La vieille négresse poussait à chaque parole du mulâtre des exclamations d'étonnement, et les nègres stupéfaits l'écoutaient dans une sorte d'ébahissement.

— Après dîner, reprit Macandal, je suis allé à la case de Lucinde...

— Tu ne veux donc pas cesser de voir cette fille ? interrompit la négresse sur un ton de reproche.

— Pourquoi ? Elle est belle, elle est jeune, elle m'aime, je ne vois pas de raison pour que je répudie son amour.

— Mais c'est là, vois-tu, que tu te laisseras prendre comme dans un piége. Il serait préférable, puisque tu lui es si attaché, de la faire venir ici.

— Non pas ! elle est heureuse, elle est la servante de mademoiselle Antillia qui ne souffre pas qu'on la gronde, et qui ne permettrait pas qu'on lui donnât un soufflet. Il me semble inutile de l'arracher au bonheur dont elle jouit, pour l'exposer aux dangers au milieu desquels nous vivons. Et puis j'ai besoin, tu sais, de me ménager des relations là-bas. Lucinde est mon espion naturel.

— Tu as donc vu M. Henri, alors ?

— Oui, j'étais caché dans la case de Lucinde quand il est arrivé. C'est un beau jeune homme, ma foi ! et qui porte fièrement haut la tête, le portrait de défunte notre bonne maîtresse.

L'accent de tendresse et de dévouement avec lequel Macandal avait parlé de la famille de son ancien maître paraîtrait contraster singulièrement avec sa position d'esclave fugitif, chef d'une bande de *marrons*, ennemis des colons. Mais il n'y avait là rien que de très-naturel et de conforme au caractère des nègres. Au point de vue psychologique, le nègre est l'être le plus fantasque et le plus capricieux de la création (1) ; s'il mord parfois la main qui le comble de bienfaits, souvent aussi il lèche

(1) Je demande la permission au lecteur de le renvoyer, pour cet objet, au volume que j'ai publié sous le titre : *les Peaux-Noires ;* il y trouvera notées toutes les gammes du cœur et de l'esprit du nègre.

la main qui le châtie. Il ne faut s'étonner de rien avec lui.

Macandal était donc, ainsi qu'il vient de le dire, sur l'habitation de M. d'Autanne lorsque Henri arriva chez son père.

Au moment où le jeune homme entra, le vieux chevalier, caché au fond d'une pièce de sa case, suffoquait de colère, insensible aux consolations que lui offrait sa fille.

— Non, disait-il en se frappant la poitrine, je ne supporterai jamais une pareille honte !

En entendant le pas et la voix de son fils retentir dans cette maison livrée tout à l'heure sans défense à un bandit, le vieux colon se redressa avec énergie, et dans les caresses qu'il prodigua à Henri, il y avait comme des actions de grâces adressées au ciel qui lui envoyait, mais trop tard, un défenseur.

— De quelle honte parliez-vous tout à l'heure, mon père ? demanda Henri. Et par quelle porte le déshonneur peut-il entrer dans la maison du chevalier d'Autanne ?

— Là, reprit celui-ci en montrant la table encore chargée de trois couverts ; là, entre ta sœur et moi, s'est assis de force un de mes anciens esclaves, aujourd'hui fugitif, et qui a eu l'audace de me contraindre à cette hospitalité, que mon bras infirme et désormais impuissant m'a laissé voler.

Double honte, mon fils, double honte pour ton vieux père !

— Cet homme vous a-t-il insulté, vous ou ma sœur ?

— Non, mon frère, se hâta de répondre la jeune fille.

— Si tu places l'insulte dans la parole ou dans le geste, en effet, ce misérable ne nous a point insultés ; mais l'injure est dans l'action elle-même.

Henri avait été frappé en un autre sens que son père, de l'audace de Macandal.

— Ce mulâtre, demanda-t-il après un moment de réflexion, est donc un homme d'énergie et de ressources ?

— S'il savait apprécier sa propre valeur, il serait le maître de la colonie.

— A-t-il contre vous de graves sujets de haine, mon père ?

— Non pas ; il m'était, et je crois qu'il m'est encore dévoué. Il a pleuré aujourd'hui au souvenir de ta pauvre mère.

— Eh bien ! s'écria tout à coup Henri, si ce Macandal est aussi intelligent, aussi habile, aussi maître que vous le dites de cette colonie, félicitons-nous qu'il ne haïsse point notre famille ; regardez comme une honte, si vous le voulez, mais ne vous plaignez pas, qu'il ait commis l'acte insolent et hardi que vous m'avez raconté. Si je l'eusse surpris assis à cette table, à la place que vous m'avez dite, je l'eusse tué peut-être ; mais je sens que je m'en fusse repenti ensuite.

— Que signifie cela, Henri ?

— Cela signifie, mon père, que je ne sais pas encore contre qui nous aurons le plus à lutter : les nègres marrons ou le marquis de la Varenne. Puisse l'avenir ne pas me donner raison, et n'essayons pas de démêler mal à propos ses mystères ! Macandal est plus près que vous ne pensez peut-être de tenir réellement entre ses mains le sort de notre beau pays.

Un moment de silence suivit. Le vieux chevalier, les yeux fixés à terre, le front pensif, le cœur gonflé, regardait avec tristesse à l'horizon, et son âme se révoltait en même temps à l'idée que pour sauver leur indépendance, leur dignité, leurs priviléges, les colons seraient obligés de pactiser avec leurs esclaves rebelles.

Antillia contemplait avec une naïve admiration ce frère qu'elle ne connaissait point et qui s'était révélé à elle si fier, si passionné, et en quelque sorte dans l'attitude héroïque d'un Dieu vengeur. Elle ne put se défendre d'un élan tout sympathique et se jeta dans les bras d'Henri qui couvrit de caresses sa charmante tête. Le cœur d'Antillia avait aspiré je ne sais quelle flamme d'énergie et de résolution au souffle de la parole ardente de son frère.

— Mon père, demanda Henri au vieillard, toujours absorbé dans ses méditations, Macandal a-t-il quelque motif, à part ce caprice qu'il a satisfait aujourd'hui, et qu'il ne renouvellera sans doute plus, Macandal a-t-il, dis-je, quelque sujet qui l'attire ici ?

— Oui, répondit M. d'Autanne ; Lucinde, cette jeune négresse qui vient de conduire ta sœur à sa chambre, est sa maîtresse.

— Vous savez alors que Macandal vient souvent sur votre habitation.

— Oui, et je suis bien obligé de le tolérer en feignant de l'ignorer.

— Vous agissez à merveille, mon père.

— Soit, puisque tu le juges ainsi, mon enfant.

— Quant à moi, ajouta Henri à part, je captiverai les bonnes grâces de Lucinde. Qui sait si je n'aurai pas besoin d'elle !

IV

Il est nécessaire que j'explique l'origine de l'attachement de Macandal à la famille d'Autanne, ainsi que la cause de sa désertion.

Macandal était fils d'un frère du chevalier, lequel avait été tué dans une expédition contre les Caraïbes de la Grenade. Cette sorte de paternité n'a jamais tiré à conséquence dans le Nouveau-Monde ; elle a rarement modifié la situation de l'esclave. M. d'Autanne héritant de son frère, Macandal avait été compris dans la succession : seulement le chevalier lui avait fait ce sort plus doux de l'attacher à son service personnel, au lieu de le contraindre au travail de la terre.

Un matin que M. d'Autanne était allé conduire son atelier de nègres aux champs, et que madame d'Autanne visitait et soignait les malades de l'habitation, la maison était restée déserte et ouverte à tout venant. Macandal, en pénétrant dans une des pièces, aperçut Antillia, qui avait alors cinq ou six ans, endormie dans le fond d'un petit hamac.

La matinée était humide d'une pluie qui avait tombé abondamment depuis la veille. L'enfant, presque nue, avait, pendant son sommeil, rejeté le drap léger qui l'abritait. Macandal s'approcha du hamac pour recouvrir le corps de la petite fille. Au moment de poser la main sur le drap, il vit, lové entre la toile du hamac et la poitrine d'Antillia, un serpent que les pluies torrentielles de la nuit avaient entraîné du fond des bois ; le reptile était resté comme une épave sur le bord de quelques-uns des petits canaux qui traversaient les terres du chevalier et dans le voisinage même de la maison. Les taches de boue et de sable qui mouchetaient sa longue robe jaune ne laissaient pas de doute à cet égard (1).

L'humidité que les serpents redoutent tant, l'incertitude du terrain nouveau où celui-là s'était trouvé tout à coup transporté, l'avaient sans doute engagé à s'introduire dans la maison. Meurtri et engourdi par sa course vagabonde, il avait évidemment cherché quelque abri où il pût se réchauffer. Il s'était hissé d'abord, de meuble en meuble, laissant sur tous les traces de son passage, et sur quelques-uns les marques d'un séjour plus prolongé. Enfin il s'était réfugié dans le hamac où dormait l'enfant. Au contact de ce corps il avait trouvé une chaleur douce et s'était endormi ramassé en un bloc hideux, de la grosseur d'un chat ; sa tête plate reposait menaçante sur la poitrine d'Antillia.

Il y a plus d'un exemple de ces invasions des serpents dans les lieux les plus intimes des maisons. Ils s'introduisent quelquefois sous les oreil-

(1) La Martinique est la seule de nos Antilles françaises qui possède des serpents ; elle partage ce privilége avec Sainte-Lucie. On a essayé d'introduire ces reptiles à la Guadeloupe, mais ils n'ont pu s'y acclimater. Cette tentative heureusement avortée, était le fait, disent les uns, d'une malveillance à peine justifiée par les représailles de la guerre de nation à nation. D'autres prétendent que ce malencontreux essai avait pour but d'opposer aux rats, qui dévastaient les plantations de cannes à sucre, leur plus redoutable ennemi. Toujours est-il que les serpents ne s'acclimatèrent pas à la Guadeloupe.

lers, les traversins ou les couvertures ; et comme en fait le serpent n'attaque jamais l'homme pourvu que son sommeil soit respecté, il ne résulte pas toujours d'accidents de ces horribles visites.

Macandal recula de terreur, une sueur froide inonda son front, ses membres se mirent à trembler. Comment arracher la pauvre enfant au danger qui la menaçait ? L'enlever du hamac ! mais si rapide que pût être ce mouvement, c'était s'exposer à réveiller le serpent et livrer Antillia au supplice de cruelles morsures d'où la mort pouvait résulter. Tuer le serpent ? Macandal n'avait aucune prise contre lui ; comment l'atteindre, comment le frapper, sans frapper et sans atteindre Antillia elle-même ?

Macandal demeura quelques minutes dans une angoisse indicible, suffoqué, haletant ; il porta la main à ses yeux comme pour leur dérober ce spectacle épouvantable. Il ne lui restait plus qu'une ressource suprême dans laquelle sa propre existence allait être mise en jeu. Macandal recueillit son courage et son sang-froid ; maîtrisant par un effort surhumain le tremblement qui agitait ses membres, il se dirigea vers le hamac, retroussa jusqu'à l'épaule la manche de sa chemise et allongea son bras, qu'instinctivement il retira une première fois. Il passa alors la main sur son front où la sueur ruisselait ; puis il étendit de nouveau le bras vers le serpent, dont la tête détachée du bloc fétide que formait son corps arrondi en spirale, reposait sur la poitrine nue d'Antillia.

Macandal prit une subite détermination, saisit le reptile à la hauteur des mâchoires, entre ses doigts serrés comme des tenailles, et l'enleva rapidement du hamac; en même temps il appela du secours d'une voix que la douleur et la terreur à la fois rendaient formidable.

Le serpent s'était replié, en enveloppant de ses anneaux redoutables le bras du mulâtre, en battant ses épaules avec sa queue irritée, comme avec un fouet dont chaque coup faisait gonfler la peau. Si puissante que fût la pression de Macandal, le serpent, en cette lutte désespérée, redoublait de force lui-même. Un engourdissement qui menaçait d'épuiser leur énergie, paralysait déjà les doigts du mulâtre rivés autour de la tête hideuse du reptile dont la gueule béante et visqueuse laissait voir les crocs aigus d'où suintait son venin.

Au cri qu'avait poussé Macandal, Antillia s'était éveillée. Terrifiée du danger en présence duquel elle se trouvait, sans se douter cependant qu'elle venait de lui échapper, l'enfant courut vers le mulâtre, qui la repoussa si vivement de son bras gauche, qu'elle alla donner de la tête contre un meuble et s'évanouit baignant dans son sang. Macandal, frémissant de rage et effrayé du spectacle de la pauvre petite fille étendue sur le sol, essayait vainement de dégager son bras de l'étreinte formidable où le retenait le serpent, dont la souplesse d'acier déjouait tous ses efforts.

Quelle issue attendait ce duel épouvantable? L'esclave, déjà épuisé, sentait la pression de ses doigts moins énergique; il lui semblait que la tête gluante du reptile glissait insensiblement sous sa main. Comme aucun secours n'arrivait à l'appel de sa voix, éperdu, à moitié fou de terreur et de souffrance, il se prit à courir hors de la maison, brandissant son bras meurtri par les anneaux du serpent qui, de temps en temps, se délovait pour enlacer son ennemi avec une force nouvelle.

Cette lutte émouvante avait duré moins de temps, on le pense bien, que je n'ai mis à en décrire toutes les péripéties, — à peine une minute longue comme un siècle.

A dix pas de la case, Macandal rencontra un nègre qui, épouvanté par ce spectacle, prit la fuite en poussant des cris sinistres. Dans sa fuite, ce nègre laissa tomber un long couteau qu'il tenait à la main. Macandal se baissa, ramassa l'arme, et au risque de se trancher le bras, il coupa par moitié le serpent dont le tronçon bondit sur le sol. L'autre moitié du corps qui restait vivante devint plus furieuse; ses évolutions hideuses, mais désormais impuissantes, tenaient du prodige et éblouissaient le regard du mulâtre, dont le sang se mêlait aux dégoûtantes déperditions du reptile. Macandal saisit alors une pierre, appuya la tête du serpent contre un tronc d'arbre, et lui asséna un vigoureux coup qui la broya entièrement.

Le jeune mulâtre poussa un cri de joie, et alla laver dans un ruisseau son bras, où la bave du reptile avait laissé d'ignobles traces. Il se rendit ensuite à la case, où il trouva madame d'Autanne occupée auprès de la petite Antillia qui essayait, sans y pouvoir parvenir, de raconter la scène à laquelle elle avait assisté. Madame d'Autanne pansa elle-même la blessure du mulâtre, et le remercia les larmes aux yeux.

Le dévouement de Macandal pour madame d'Autanne data de ce jour, et il conçut en même temps pour Antillia un de ces attachements qui prennent leur source dans un service rendu au péril de la vie, car il vous semble, alors, que l'être qu'on a sauvé devient une partie de vous-même.

Pendant les huit années qui suivirent cet événement, Macandal ne donna aucune preuve nouvelle de cette grande énergie qu'il avait montrée en une si terrible circonstance. Il se laissa entraîner à une paresse qui lui valut des reproches auxquels il se montra d'ailleurs parfaitement insensible. L'affection particulière que lui montrait Antillia, l'indulgence toute maternelle de madame d'Autanne, lui avaient épargné même les plus légers châtiments. Il s'était ainsi habitué à l'impunité jusqu'au jour où M. d'Autanne, dans un moment d'impatience, le souffleta en présence de Lucinde dont il se ménageait, alors, la glorieuse conquête.

L'orgueil de Macandal ne put résister à cette humiliation ; son sang bondit dans ses veines. Le soir, le front appuyé dans ses deux mains, assis sur le tronc d'un palmier, devant une case où il attendait Lucinde, le jeune mulâtre remonta une à une toutes les années de cette vie qu'il avait passée à l'abri de l'affection et de l'indulgence de ses maîtres. Il y cherchait un souvenir, un prétexte pour alimenter le désir de vengeance allumé au fond de son cœur. Il n'y rencontrait, au contraire, que des témoignages de bonté qui avaient été la récompense d'un service héroïque. Mais ce service avait-il été suffisamment payé, et ne méritait-il pas mieux qu'un esclavage perpétué, si doux que fût d'ailleurs cet esclavage ?

Macandal se rappela aussi le nègre qui s'était enfui lâchement à la vue du danger qu'il bravait, lui, et il se demanda si, entre eux, il n'y avait pas réellement une différence. Dans sa pensée et dans sa conscience il y en avait une ; et pourtant M. d'Autanne l'avait souffleté comme il eût pu souffleter ce nègre lâche et timide !

Au souvenir de son humiliation, Macandal se leva résolûment, et d'une voix sourde :

— Je partirai *marron*, murmura-t-il, et ce soir même !

Dès qu'il aperçut Lucinde, il courut au-devant d'elle, et la pressant avec tendresse sur son cœur :

— Lucinde, lui dit-il, dans une heure j'aurai quitté l'habitation.

— Où veux-tu donc aller, Macandal ?

— Je pars *marron*...

— M'emmèneras-tu avec toi ? demanda la jeune négresse.

— Non, Lucinde ; pas tout de suite du moins. Je ne sais pas comment est faite la vie que les *marrons* mènent dans les bois : il y existe bien certainement des dangers, des misères, des luttes qu'il faut apprendre à connaître, avant que de les faire partager à ceux que l'on aime.

— Je ferai ce que tu voudras, répondit Lucinde, et si longue que puisse être notre séparation, je la supporterai avec courage. Dès que tu voudras que j'aille te rejoindre, j'irai.

— C'est bien, Lucinde ; embrassons-nous, pour la dernière fois de longtemps peut-être. Aime nos maîtres, car ils sont bons, soigne bien mademoiselle Antillia, sois-lui dévouée comme je lui ai été dévoué. Si un jour on te fait, en un moment de colère, subir une humiliation pareille à celle qui m'a été infligée ce matin, tu t'en souviendras, moins pour te venger que pour constater l'ingratitude de ceux que nous servons, même en leur sacrifiant notre vie.

Ce langage de Macandal éblouit un peu l'esprit naïf de Lucinde, qui le regarda avec un étonnement mêlé d'une sorte d'admiration. La jeune négresse accepta sans murmurer le rôle de complice auquel la condamnait la fuite de Macandal.

— Toutes les nuits, lui dit-elle en le quittant, je me rendrai à cette même place, et à cette même heure, dans l'espérance de ta visite. Quand tu jugeras convenable et prudent de venir ici, j'en serai heureuse, et y vinsses-tu une minute, après cent nuits d'attente, que je te serai reconnaissante de t'être souvenu de moi.

Lucinde regagna la case de son maître, sans retourner la tête, de peur que son cœur ne faillît. Macandal la regarda s'éloigner ; puis, quand il eut perdu de vue la jeune négresse, il prit le chemin qui conduisait dans les grands bois de la montagne Pelée, et marcha toute la nuit sans perdre haleine jusqu'à ce qu'il se crût hors d'atteinte de toutes poursuites.

Macandal, une fois assuré de sa liberté, s'était arrêté au lieu même où nous avons décrit son camp. C'était une position formidable dans un des replis les plus profonds, les plus cachés de la montagne Pelée.

Du haut de l'énorme bloc de rochers noirs derrière lesquels nous avons assisté à la scène du retour de Macandal parmi ses compagnons de *marronnage*, en faisant face à la mer on dominait toutes les voies qui conduisaient à la montagne, avec la ville de Saint-Pierre pour centre de rayonnement. Le mulâtre plongea avec une sorte d'extase naïve son regard dans la profondeur de l'horizon qui s'ouvrait devant lui, et sur l'océan de verdure qui s'étalait sous ses pieds.

Après examen des lieux, Macandal constata que ce rempart de rochers, autour desquels la main de l'homme avait abattu du côté des bois une grande quantité d'arbres sur un espace assez vaste, avait dû servir déjà de repaire à une bande de nègres *marrons*. Quelques débris de nourriture, des ruines d'*ajoupas* (ou cabanes), déjà recouvertes de hautes herbes, des armes rongées par la rouille, n'admettaient aucun doute à cet égard. Seulement Macandal s'étonna qu'une position si bien fortifiée ait pu être abandonnée ou que ceux qui l'occupaient s'en soient laissé déloger.

— Qu'importe, se dit-il, ce lieu est sûr, il doit être connu, et quand on l'a connu, on ne peut l'oublier. Ceux qui l'ont habité y reviendront certainement. Attendons.

Le mulâtre avait bien jugé, et sa patience fut récompensée. En effet, la semaine suivante deux nègres, conduits par un Caraïbe, avaient rejoint Macandal à qui ils apprirent qu'un assez grand nombre d'esclaves nouvellement partis *marrons* et quelques autres qui avaient reconquis une liberté récemment compromise, erraient dans les bois, ceux-ci en marche vers leur ancien repaire, ceux-là à la recherche d'un abri.

— Je le savais bien! s'écria Macandal avec joie; amenez-les-moi tous, ajouta-t-il, et du diable si les blancs nous atteignent ici.

Un mois après, Macandal comptait déjà cinquante soldats dans son bataillon de bandits, moitié Caraïbes, moitié nègres. Aucune de ses prévisions n'avait été trompée au sujet de la tentation que le repaire de la montagne Pelée pouvait exciter chez les nègres.

Macandal connaissait d'ailleurs les entraînements naturels des esclaves. Il savait que le *marronnage* était le rêve de tous, et s'il ne l'avait pas plus tôt mis en pratique lui-même, avec les dispositions d'esprit où il était alors, c'était par insouciance, et parce que l'occasion, ou mieux parce que le prétexte lui avait manqué.

En effet, le lendemain du jour où il y eut des esclaves dans nos colonies, le *marronnage* s'était introduit parmi eux. La dureté de certains colons d'une part, de l'autre le sentiment naturel de l'indépendance, poussèrent les nègres à la fuite. Les ressources que leur offraient les immenses et inextricables solitudes d'un pays à peine peuplé, les chances à peu près assurées d'impunité, la protection intéressée des Caraïbes, furent autant de causes qui entretinrent chez les esclaves le désir et le besoin de briser leurs chaînes.

Le nombre de ces *marrons* avait été grossissant toujours, et ils étaient devenus pour les colons un sérieux sujet d'inquiétude ; d'autant plus que leurs instincts féroces se développaient au milieu de la libre vie des grands bois. Les traités de paix souvent échangés, et si souvent rompus, entre les colons et les Caraïbes avaient toujours eu pour clause finale la restitution par ceux-ci des esclaves *marrons*. A chacun de ces traités, il se faisait une abondante rafle de ces nègres livrés par les Caraïbes eux-mêmes ; mais au lendemain de la rupture inévitable du traité, le *marronnage* recommençait et les Caraïbes ouvraient les chemins à ces fugitifs qui venaient leur livrer les secrets des colons et leur révéler les préparatifs d'attaque ou les moyens de défense.

Les traditions du *marronnage* s'étaient donc perpétuées au milieu de ces bois où la civilisation n'avait pas encore pénétré. Les campements désertés la veille se repeuplaient tout à coup le lendemain ; le foyer éteint se rallumait subitement ; les armes cachées provisoirement sous terre brillaient de nouveau au soleil. On se retrouvait presque toujours les mêmes à ces rendez-vous de la rébellion, de l'indépendance et des luttes barbares.

L'histoire des combats, des haines, des complots était écrite sur chacun des arbres qui ombrageaient ces sanglants champs de bataille.

Unis aux Caraïbes, les *marrons* eussent pu faire bien du mal aux colons. Abrités derrière leurs remparts, ils jouissaient d'une sécurité complète ; leurs attaques auraient pu être formidables, sans que leur défense fût difficile. C'était bien ce que les colons avaient compris ; aussi s'empressaient-ils d'accorder le pardon aux esclaves fugitifs qui consentaient à rentrer au bercail.

Si plus tard, lorsque les idées généreuses et fécondes de liberté et d'affranchissement général germèrent parmi les esclaves, les *marrons* eussent disposé de ressources aussi complètes de défense, l'esclavage n'eût pas duré un demi-siècle dans le Nouveau-Monde.

Le chef qui leur avait manqué jusqu'alors, les nègres *marrons* le trouvèrent dans Macandal. A la vérité aucune pensée grande et généreuse ne germait dans la tête de ce mulâtre. Il n'avait aucune visée politique ; il n'avait fait aucun de ces rêves qui, au lendemain d'un succès, changent parfois un bandit en héros et lavent les crimes du passé dans le prestige du triomphe.

Comme tous ses prédécesseurs, Macandal ne fut conduit à ce rôle hardi et dangereux, que par le sentiment de l'indépendance personnelle ; seulement il apporta de plus que les autres dans ce commandement énergiquement imposé à ses compagnons de fuite, un courage de lion, une rare intelligence, une audace sans pareille, un esprit d'organisation qui avait fait de cette bande de *marrons* une véritable armée disciplinée, soumise, prête à tout. Ces malheureux, qui avaient fui l'esclavage heureux, tranquille, ne semblaient pas se douter qu'ils eussent échangé leurs chaînes contre d'autres chaînes aussi lourdes, leur esclavage laborieux contre un autre esclavage plein de périls, de luttes et d'inquiétudes.

Macandal, au moment où il avait pris la fuite, avait vingt-cinq ans environ. Il était charpenté en Hercule ; sa poitrine toujours nue eût porté aisément la cuirasse d'un géant. Les muscles de ses bras étaient de fer ; sa tête énorme et démesurément grossie par ses cheveux crépus, ressemblait à une tête de lion ; ses traits étaient véritablement beaux ; ses yeux intelligents imposaient le respect et la peur en même temps.

Ses lèvres épaisses et sa large bouche, garnie de dents blanches comme du bel ivoire, tonnaient le commandement ; sa voix retentissante comme un clairon, faisait trembler les nègres, et les Caraïbes se couchaient à plat ventre devant lui comme devant « l'Esprit de la Terreur. »

Macandal n'en était pas moins idolâtré des esclaves *marrons* qui l'avaient accepté, sinon tout à fait choisi pour chef. Il n'avait trouvé de rival que dans Fabulé, le chef de l'autre bande d'esclaves *marrons*. Ce Fabulé, que nous retrouverons bientôt à l'œuvre, avait une haine profonde pour Macandal, parce qu'il reconnaissait la supériorité d'intelligence de celui-ci, et aussi parce que Macandal était mulâtre, tandis que lui Fabulé était Africain.

Cette haine réciproque des deux chefs *marrons* avait enfanté déjà de sanglantes luttes, et le rêve de chacun d'eux était de pouvoir, un jour, capturer son adversaire pour le livrer aux colons. Ils ne se doutaient pas qu'un moment devait venir où cet antagonisme barbare servirait les projets des partis qui agitaient la colonie.

De la Varenne semblait avoir pris à tâche d'avancer ce moment fatal ; car il n'avait pas manqué à la funeste promesse qu'il s'était faite. Sa conduite vis-à-vis des colons avait répondu de tous points à son discours du premier jour. Il avait appliqué à l'administration de la colonie toutes les mesures insensées que l'orgueil doublé du despotisme le plus outrageant peut inspirer; il n'avait voulu respecter ni les traditions, ni les habitudes, ni la religion, ni les préjugés des colons; il les avait insultés en pleine vie sociale, en plein cœur.

Cette conduite, contre laquelle son bon sens aurait pu le mettre en garde, avait trouvé un ardent aliment dans sa passion pour madame de Saint-Chamans, qui avait fait de lui l'instrument de toutes ses vengeances de femme blessée dans son amour-propre, et aussi de ses projets mystérieux que le caractère de la Varenne servait merveilleusement.

La liaison du marquis avec la comtesse était ouvertement avouée. Celle-ci, somptueusement logée à Saint-Pierre, servie par une armée d'esclaves, étalait un luxe insolent auquel suffisaient à peine les prodigalités de son amant d'une part, et de l'autre son effronterie. Cette femme, que nous connaîtrons bientôt, avait su par d'habiles mensonges et par le piége de sa coquetterie, surprendre la crédulité de deux ou trois riches marchands de la colonie, qui avaient mis leurs coffres-forts à son service.

Pendant qu'elle en imposait à ceux-ci au point de leur inoculer une aveugle confiance en sa prétendue noblesse, en ses liaisons de famille, en sa fortune problématique, elle exploitait les sceptiques et les indifférents par de clandestins marchés qui ne les garantissaient même pas toujours des châtiments auxquels les exposaient les capricieuses ordonnances de la Varenne.

Madame de Saint-Chamans était parvenue de cette façon à tromper tout le monde sur l'origine des ressources dont elle disposait et qui paraissaient inépuisables. Les prodigalités de la Varenne lui servaient aux yeux de ses banquiers complaisants à simuler une fortune dont elle aimait à vanter le chiffre ; les redevances honteuses qu'elle extorquait aux délinquants, ainsi que les avances adroitement arrachées aux marchands de Saint-Pierre attelés à son char, éblouissaient le gouverneur, qui croyait ne jamais pouvoir faire assez pour une femme de telle qualité. La comtesse avait déployé, enfin, pour arriver à son but, toute l'habileté des escrocs les plus raffinés.

Elle avait, en outre, trouvé un complice complaisant, dévoué, discret, de toutes ses infamies et de tous ses mensonges, dans son propre frère, arrivé à la Martinique sur le même navire que son mari. Ce frère était une sorte de soudard, aventurier sans intelligence, venu dans le Nouveau-Monde pour y continuer avec un peu plus d'impunité que dans l'ancien, sa vie de paresse, de débauche et de rapine ; homme de sac et de corde, à qui pesait déjà l'existence monotone où le condamnait le repos dont jouissait la colonie. Le gouvernement du marquis de la Varenne allait donner de l'aliment à ses loisirs; il augura bien de l'avenir dès que le hasard l'eut placé en présence de sa sœur de la même façon qu'il y avait placé Dubost.

V

La porte de Mme de Saint-Chamans fut plus hospitalière à Maubrac (c'était le nom du frère) qu'elle ne l'avait été au mari, celui-là ayant toujours été fort aimé de sa sœur, à cause de ses mauvaises qualités surtout. On sait que ce privilége de sympathie est réservé aux vauriens. Maubrac avait eu cet avantage sur Dubost, de n'avoir confié à qui que ce fût, dans sa surprise, la découverte heureuse qu'il venait de faire en la personne de madame sa sœur.

Voici comme cette bonne aubaine lui vint :

Ayant ouï parler du merveilleux étalage de luxe de la comtesse, de sa beauté et de ses élégances qui faisaient grand bruit, Maubrac fut poussé, d'abord, par un simple mouvement de curiosité à vouloir voir de près cette *reine de pacotille*, comme on l'appelait, dont l'ancien monde avait consenti à se débarrasser en faveur du nouveau.

Puis, à part soi, Maubrac s'était fait cette réflexion :

— Il est impossible qu'il n'y ait pas là quelque chose à gagner à la force du poignet, à la pointe de l'épée ou à la souplesse de l'échine. On ne dit pas tant de mal d'une femme, et un pays tout entier ne la hait point de la sorte, sans qu'elle ait besoin d'un protecteur ou d'un vengeur. Allons-y voir ; c'est une fortune comme une autre à courir !

Maubrac était donc parti du fond de sa tanière, située à l'entrée des bois, sur la limite de la civilisation et de la sauvagerie. Là il vivait en relations à la fois avec les nègres *marrons*, les Caraïbes et les colons, n'ayant jamais, par intérêt, trahi ni les uns ni les autres, circonstance à laquelle il devait l'impunité qui l'avait couvert jusqu'alors.

Maubrac, vêtu de son plus propre habit, sa rapière au côté, se promenait le front baissé devant la demeure de Mme de Saint-Chamans, rêvant au moyen de pénétrer dans cette maison, lorsqu'en levant la tête vers la croisée, ses regards se rencontrèrent avec ceux de la comtesse. Maubrac se frotta les yeux pour s'assurer que sa vue ne le trompait point, et en même temps qu'il s'approchait sans façon pour y frapper, la porte s'ouvrit précipitamment et se referma de même. Une main le saisit par le bras et l'entraîna dans une chambre discrète.

— Mon frère, c'est toi ! s'écria la comtesse en se pendant au cou de Maubrac.

L'aventurier répondit par une étreinte sincère à cette tendre expansion de sa sœur.

— Vrai, lui dit-il, le hasard est bon diable, et il a parfois d'heureuses inspirations !

Maubrac raconta à sa sœur le but intéressé de sa visite, alors qu'il croyait s'adresser à une étrangère.

— Je ne te demande pas d'explications, dit-il à Mme de Saint-Chamans; ce que je vois, ce que je sais me suffit. Tu dois avoir besoin ou tu auras besoin de moi un jour; me voilà donc à ton service de la tête aux pieds.

Mme de Saint-Chamans ne prit pas la peine de calmer des scrupules que son frère ne pouvait pas avoir.

— Oui, en effet, lui dit-elle, j'aurai besoin de toi sans aucun doute : mais, pour que tu me serves comme il convient, il faut que tu abdiques ton titre de frère, publiquement du moins.

— Soit ! pour te servir, il n'est pas de sacrifice que je ne fasse. J'abdique ; mais combien me payeras-tu la couronne que je dépose à tes pieds ?

— Le prix que tu voudras ; nous réglerons ce compte plus tard. N'étant plus de ma famille, tu seras un ami de mon frère, recommandé à moi ;

ma protection te retire tout naturellement de la misère où tu es plongé; tu passes au rang de favori, tu deviens le premier gentilhomme de ma maison... Tu auras, enfin, tous les honneurs et toutes les dignités que tu désireras... pourvu que tu ne sois jamais mon frère qu'entre ces quatre murs.

— Répondre à tes propositions, sœur bien-aimée, ce serait répéter mot pour mot tes paroles. C'est te dire donc que j'accepte le rôle que tu m'assigneras.

— Sous quel nom te connaît-on ici ?

— Sous le simple nom de Maubrac, un nom percé au coude, comme ma casaque... tu vois. Casaque neuve et nom nouveau ne me nuiront pas.

— Tu prendras, ou plutôt tu seras censé reprendre, dès aujourd'hui, ton titre de chevalier, que tu ajouteras à ton nom, qui ne sonne pas mal.

— Va pour le chevalier de Maubrac !

Deux heures après, de Maubrac, puisque de Maubrac il y a, tout habillé de neuf, l'estomac bien lesté, la tête haute et droite comme un palmiste, la lèvre souriante, le poing sur la pomme de son épée, se promenait fièrement par les rues de Saint-Pierre, racontant à tout venant, et cherchant même les passants pour la leur raconter, son incroyable bonne fortune qu'il appelait sa restauration. La fable était aisée à mettre en circulation dans un pays et dans un temps où les déchéances de la nature de celle où Maubrac avait si longtemps végété, étaient fort communes. Des gentilshommes de la meilleure souche avaient passé par là, ou se trouvaient encore dans le même cas.

Quelques propos que ne s'épargnaient pas les colons dans leur irritation, avaient bien déjà chatouillé l'oreille du nouveau favori ; mais il n'avait pas voulu commencer trop tôt son métier de pourfendeur, feignant de ne les pas entendre, et remettant à plus tard pour prendre sa revanche. Seulement il fit ample provision de ces dires et propos pour tenir sa sœur au courant des antipathies qu'elle inspirait, elle et surtout le marquis de la Varenne.

— Je crois, dit-il à la comtesse en rentrant le soir, que j'aurai fort à faire le jour où tu me permettras de tirer l'épée. Il faut être juste aussi, ce marquis de la Varenne ne me va point ; il sera cause de quelque malheur ici, et je conçois que les colons le haïssent. J'eusse été tout prêt si, par bonheur, je ne t'avais pas rencontrée, à me ranger de leur côté contre lui.

— N'oublie jamais, répondit la comtesse d'un ton de menace, que ces mêmes colons, qu'ils haïssent ou qu'ils aiment M. de la Varenne, ce qui m'importe peu, ont fait à ta sœur la plus sanglante des injures.

— Laquelle, ma Claudine ?

— Je leur ai fait l'honneur de les appeler à moi, de leur ouvrir les portes de ma maison, et ils ont refusé de répondre à mon appel, de franchir le seuil de ma demeure !

De Maubrac, par un geste rapide, moitié sérieux, moitié grotesque, tira son épée et du haut de la croisée qu'il entr'ouvrit, il promena sur la ville de Saint-Pierre un regard de défi.

— Le moment viendra où ce généreux élan sera mis à profit, mon frère ; sois tranquille, nous ne perdrons rien pour attendre.

Une des ambitions de madame de Saint-Chamans avait été, en effet, dès les premiers temps de son arrivée à la Martinique, d'attirer dans son salon, une cour au milieu de laquelle elle eût trôné de toute l'influence de cette fortune honteusement acquise, mais dont elle savait dissimuler l'origine. Elle avait beaucoup espéré, pour atteindre ce but, sur la vanité des créoles faciles à ces tentations. Elle avait oublié de compter avec le sentiment de leur dignité et avec leur haine du despotisme. Son illusion ne fut donc pas de longue durée. La colonie entière lui avait tourné le dos, tant à cause de l'impudeur de son intimité avec la Varenne, qu'à cause de la tyrannie de ce dernier ; on en faisait, non sans raison peut-être, remonter tout l'odieux jusqu'à elle.

Madame de Saint-Chamans n'avait point voulu renoncer à ses prétentions et à ses espérances ; mais, sauf les deux ou trois marchands pris dans ses piéges, et à part quelques aventuriers anciens intimes de Maubrac, et qu'elle se fût peu souciée de recevoir sans les projets qu'elle fondait sur eux, la comtesse avait vu avec rage sa maison resplendissante de fleurs et de lumières, désertée par ceux qu'elle y désirait attirer. Ce n'était pas pour le plaisir et l'orgueil qu'elle s'en promettait, que madame de Saint-Chamans avait mis une telle persistance à son ambition ; son espérance la plus ardente était de voir, un jour, Henri d'Autanne et Du Buc les hôtes de son salon. Elle avait même donné mission à ses plus intimes affidés d'amener à tout prix chez elle les deux jeunes créoles. Elle attachait à cette victoire un prix que l'intérêt rehaussait.

On se souvient de l'étrange impression que la vue de Dubost avait produite sur la comtesse, lorsqu'elle l'avait aperçu causant avec Henri et Du Buc à son arrivée à Saint-Pierre. Cette rencontre, sujet de craintes poignantes pour madame de Saint-Chamans, lui faisait craindre qu'un ordre infidèlement exécuté de la part de ses esclaves, peut-être une surprise, ne remît Dubost en sa présence. Elle avait des raisons, que nous saurons plus tard, pour ne compter point sur la discrétion et le dévouement de Dubost, autant que sur ceux de Maubrac.

La joie de madame de Saint-Chamans fut très-grande en apprenant de la bouche de son frère que Dubost avait disparu de la colonie, où il était signalé comme déserteur.

Mais ce que la comtesse redoutait, c'était qu'avant sa fuite, Dubost eût fait peut-être quelque confidence à Du Buc. Là était le secret du besoin ardent que madame de Saint-Chamans éprouvait à revoir Du Buc et Henri d'Autanne.

Sa patience et son obstination furent récompensées. Harcelé par des sollicitations dont il n'avait pas saisi d'abord le sens véritable, Du Buc se décida, enfin, par curiosité et un peu par malignité, à se rendre au désir de la comtesse.

Au moment où elle vit Du Buc entrer dans son salon, madame de Saint-Chamans para ses lèvres de leur plus enivrant sourire, mais sans pouvoir défendre son visage d'une pâleur livide, et elle frissonna même de la tête aux pieds.

Le jeune créole s'étant incliné devant elle avec une courtoisie pleine de grâce et de respect, madame de Saint-Chamans se rassura un peu. Sa main tremblait, cependant, quand elle la tendit à Du Buc, qui, en se courbant pour y poser ses lèvres, murmura ces mots :

— Si c'est de mécontentement contre moi que vous tremblez de la sorte, madame, vous avez grand tort. Si c'est d'émotion, je puis vous tranquilliser quand vous le voudrez...

— Tout de suite, monsieur Du Buc, fit la comtesse en prenant vivement le bras du jeune gentilhomme.

Ils n'eurent pas de peine à s'isoler dans cette maison déserte.

— J'avais espéré, monsieur Du Buc, dit madame de Saint-Chamans, vous voir accompagné de M. d'Autanne. J'eusse été heureuse de relier avec lui une connaissance à peine ébauchée, pendant une traversée où nous nous trouvions l'un et l'autre mal à l'aise... Pourquoi donc M. d'Autanne n'est-il point venu ?

— Henri, madame, est aussi bon fils que bon frère. Son vieux père est infirme, cloué à moitié sans défense, sur un fauteuil ; sa sœur Antillia est insuffisante aujourd'hui à protéger et à garder le vieux chevalier d'Autanne. Il faudrait un bien impérieux devoir pour arracher Henri à cette sainte faction qu'il monte entre un vieillard et une enfant... Un plaisir et un honneur, deux choses que vous offrez à vos visiteurs, madame, ne suffisaient pas à détourner Henri... fût-ce pour m'accompagner, moi, son meilleur ami.

— C'est un fort brave jeune homme, fit la comtesse, et ce que vous me dites là, de lui, redouble la sympathie qu'il m'a toujours inspirée.

— Je le lui répéterai, comtesse, répondit du Buc en s'inclinant.

— Vous devez épouser sa sœur, dit-on.

— On dit vrai, madame : et c'est un bonheur qui se réalisera bientôt pour moi, je l'espère.

— C'est une fort belle personne que mademoiselle d'Autanne ; je l'ai aperçue une fois à Saint-Pierre et elle a été fort remarquée; M. de la Varenne m'a parlé de mademoiselle Antillia avec enthousiasme.

Un moment de silence suivit avec un visible embarras de la part de la comtesse, qui se faisant tout à coup un masque enjoué :

— A propos, monsieur Du Buc, s'écria-t-elle, qui était donc cet homme avec qui vous causiez sous mes croisées, le lendemain de mon arrivée à Saint-Pierre ?

Du Buc feignit l'ignorance et l'étonnement.

— Cet homme, reprit la comtesse, qui s'est arrêté devant vous, au moment où M. d'Autanne et vous alliez vous séparer...

— Je ne me souviens pas, fit Du Buc.

— Pourtant vous l'avez pris par le bras, alors qu'il frappait avec un entêtement déplacé à ma porte.

— Il se peut, reprit le créole ; je n'aurai fait en ce cas que mon devoir en vous débarrassant d'un importun.

En disant ces mots, Du Buc tenta de s'affranchir de l'étreinte où le retenait le bras de la comtesse passé sous le sien.

— Je vous remercie de cette galante prévenance, reprit madame de Saint-Chamans ; mais là ne se borna pas votre intervention, et il ne se peut pas que vous ayez oublié tout à fait cet incident, car vous avez ensuite emmené cet homme avec vous.

— Allons, fit Du Buc, en paraissant se résigner, je vois bien que vous avez une mémoire qui déroute les plus fermes résolutions.

— Enfin !

— Cet homme dont vous parlez était fou... à lier ou à noyer...

— Ah ! et que vous a-t-il donc conté ?

— Des sornettes à dormir debout.

— Encore ?

— Ne s'était-il pas imaginé que vous étiez... Mais pardon, comtesse, je ne sais pas, en vérité, si je dois vous répéter les insolents propos de ce maraud...

— Dites, au contraire, dites, je vous prie, fit madame de Saint-Chamans avec une curiosité naïve parfaitement jouée.

— Eh bien ! continua Du Buc en feignant de se laisser arracher les paroles une à une, ce fou ne s'était-il pas imaginé que vous étiez... sa femme ?..

— Sa femme ? murmura la comtesse avec un étonnement plein de candeur.

— Oui, tout simplement sa femme, laquelle, ajouta ce misérable, aurait été fille de chambre chez le président de Lamoignon, de qui il était, lui, le perruquier...

— Voilà, vous en conviendrez, monsieur Du Buc, une méprise qui ne laisse pas que de m'être flatteuse.

La comtesse prononça ces mots sur un ton et avec un sourire de grande dame qu'un propos de laquais ne peut pas atteindre ; si bien que le créole sembla hésiter.

— Ma foi, reprit-il, ce début me mit en goût de curiosité, et comme Dubost, car c'est le nom de ce pauvre fou, me paraissait en veine, je le poussai à des...

— A des confidences ?

— Si l'on peut appeler ainsi les sottises qu'il m'a débitées.

— Voyons, voyons toujours ! je ne serai pas fâchée d'entendre mon histoire... en effigie.

— Soit !... madame Dubost donc, je ne vous fais pas l'injure de songer à vous en vous rapportant ce roman, — madame Dubost, dis-je, aurait été d'un grand secours à M. de Lamoignon dans les spoliations odieuses qu'on l'accuse d'avoir commises contre les traitants dans cette fameuse campagne des Chambres de justice qu'il présida.

Du Buc regardait obliquement la comtesse ; son visage était toujours souriant. De son côté, celle-ci fixa sur Du Buc impassible, et jouant admirablement l'incrédulité, ses yeux où ne brilla pas un éclair de colère, où ne passa pas un nuage d'inquiétude.

— Continuez donc, dit-elle au jeune homme, cela m'amuse considérablement.

— Dubost, reprit le créole, me raconta entre autres cet épisode, qu'un traitant nommé Bou... Bour...

— Bourvalais, peut-être ?

— C'est cela même.

— Je l'ai parfaitement connu ; c'était un ancien laquais parvenu, fort habile homme, et qui avait très-bien appris de son maître l'art de porter l'habit, de prendre le tabac et de secouer son jabot ; un singe de belles manières ! Ces gens-là sont curieux d'imitation ! Eh bien ! Qu'est-il arrivé à Bourvalais ?

— Bourvalais avait été taxé par la Chambre de justice à rendre gorge de douze cent mille livres. Dubost se mit en tête de l'aller trouver, et lui proposa, moyennant un pot de vin de trois cent mille livres, de le faire rayer de la liste des poursuites. Son plan était, connaissant la cupidité de M. de Lamoignon, de partager avec son maître les trois cent mille livres, à la condition de rayer en effet Bourvalais de la fatale liste.

— Qu'arriva-t-il alors ? demanda madame de Saint-Chamans.

— Il arriva que M. de Lamoignon, déjà repu par des prévarications sans nombre de la même espèce, n'avait convoité de l'immense fortune de Bourvalais et de son luxueux mobilier que deux seaux d'argent — deux chefs-d'œuvre d'orfévrerie — destinés à faire rafraîchir le vin. Il avait, en conséquence, donné mission à madame Dubost de faire à Bourvalais la proposition de sa grâce, moyennant l'abandon des deux seaux d'argent. Mais l'habile femme trouvant que c'était, en vérité, trop peu, avait stipulé, en outre, un prix de cent cinquante mille livres qui lui furent bel et bien comptées par Bourvalais, heureux d'échapper à la spoliation et à l'exil à si bon compte !

— C'est fort adroit, cela, savez-vous? murmura madame de Saint-Chamans.

— Aussi Dubost fut-il tout déconfit quand le traitant lui répondit qu'il avait passé marché deux heures auparavant avec quelqu'un des domestiques du président. Furieux, le laquais n'eut rien de plus pressé que de dénoncer le fait à M. de Lamoignon qui fit rendre gorge, à son profit bien entendu, à l'indiscrète fille de chambre. Mais il la récompensa, paraît-il, de son habileté, toujours au dire de Dubost, en faisant d'elle sa maîtresse.

— Cette récompense, si c'en était une, fut bien méritée, n'est-ce pas ?

— A coup sûr. Quant à Dubost, de crainte qu'il ne révélât ce secret, il fut condamné, sous je ne sais plus quel prétexte, aux galères d'où il parvint à s'échapper pour venir aux îles. Voilà bien, j'espère, une histoire de fou !

— Tout cela peut être très-possible, au contraire, murmura la comtesse. Mais si par le fait d'une de ces ressemblances, que le hasard explique quelquefois, ce pauvre diable a cru reconnaître en moi sa femme, il a dû être bien étonné, bien émerveillé, de la voir grande dame et au rang où je suis.

— Eh bien ! c'est là, au contraire, ce qui a paru l'étonner le moins. Elle est capable de tout, a-t-il dit. Et quand j'ai voulu lui faire comprendre la vanité de son insolente supposition : — Oh ! elle sera parvenue, m'a-t-il répondu, à ensorceler le vieux Lamoignon. Voilà où l'injure commençait pour vous, madame, et j'ai dû imposer silence à ce fou en le menaçant de lui plonger la tête dans la mer. Je n'ai eu véritablement raison de son incroyable obstination qu'en lui démontrant à quoi s'expose un laquais qui ose insulter, même par la pensée, une femme de votre qualité.

— Et qu'avez-vous fait de ce malheureux ?

— Ma foi, je l'ai laissé en proie à une profonde agitation. Il aura été pris de remords par la suite, dans un accès de raison. Ce qu'il est devenu, je n'en sais rien. Toujours est-il signalé comme déserteur...

— J'en ai regret. J'aurais voulu voir cet homme, causer avec lui, le convaincre...

— De son erreur ? Ah ! madame, pouviez-vous descendre si bas ? Tenez, réjouissez-vous, au contraire, de sa disparition ; vous le voyez, on est injuste envers vous, dans ce pays, et cette injustice paraît barbare à ceux qui vous approchent. Mais vous payez les fautes et les erreurs de M. le marquis de la Varenne. Eh bien ! qui sait si des propos de ce fou, la malignité publique n'eût pas tiré une arme bien aiguisée, bien affilée, avec laquelle on eût tranché votre réputation. Dubost est bien où il est, ne vous inquiétez pas de lui.

— Merci des paroles que vous venez de dire, monsieur Du Buc, interrompit la comtesse. Êtes-vous donc de mes amis, vous ?

— Si vous voulez bien me faire l'honneur d'agréer à ce titre mes services, madame...

— Vous me consolez en ce moment de tout ce que j'ai souffert depuis mon arrivée en ce pays.

En quittant la comtesse, le jeune créole s'en alla murmurant :

— Ton mari est, en effet, en lieu sûr. Les cachots

de mon habitation sont creusés à dix pieds sous terre, bien maçonnés et garnis de solides barres de fer. Va, j'entretiens la colère du tigre qu'un jour je lâcherai sur toi !

VI

Madame de Saint-Chamans, après le départ de Du Buc, avait rejoint la Varenne.

— Vous voyez, mon cher marquis, lui dit-elle avec un calme habilement joué, comme vos créoles continuent à m'insulter ! Je renonce, à partir de ce soir, à leur offrir mes salons dont ils ne veulent pas...

— Je vous approuve, et je vous vengerai...

— Merci bien. Mais j'ai une grâce particulière à vous demander.

— Laquelle, ma chère Claudine ?

— C'est que vous fassiez arrêter M. Du Buc, et que vous lui fassiez couper le cou ou tout au moins la langue.

— Comment choisissez-vous justement le seul des créoles qui se soit montré, sinon empressé, du moins sensible à votre appel ? Conservez rancune à M. d'Autanne, que vous avez trop honoré de vos instances, je le comprends ; mais M. Du Buc.....

— J'eusse préféré une impolitesse de sa part à l'insulte qu'il m'a faite.

— Quelle insulte donc?.... dites-la moi.....

— Il est de ces choses, mon ami, dont une femme désire qu'on respecte le secret. Si vous vous en rapportez à ma parole, sachez que M. Du Buc m'a insultée, et...

— Ne vous emportez pas, chère Claudine; votre déclaration me suffit, et sans que j'insiste davantage pour savoir le motif de votre haine contre Du Buc, je vous laisse le soin de trouver et de me fournir l'occasion de vous venger...

— L'occasion... ou le prétexte ?

— Même le prétexte.

— Je le trouverai !.... — Ah ! murmura la comtesse quand la Varenne l'eut quittée, je saurai bien où M. Du Buc a enfermé Dubost, sans doute pour se servir de lui contre moi... Le misérable ! m'a-t-il assez torturée ce soir !... Il me paiera cher cette comédie de sourires et de coquetterie !...

Comme son frère passait en ce moment près d'elle :

— Maubrac, lui dit-elle, viens, que nous causions ensemble d'un projet que j'ai conçu.

La comtesse ferma au verrou la porte de sa chambre. Maubrac s'allongea tout éperonné sur un sopha et écouta.

Le lendemain de la conversation échangée entre

4

Maubrac et sa sœur, conversation dont les événements qui suivent vont révéler le sens, le lendemain, dis-je, Maubrac que ses habitudes avaient lié d'intérêt tant de fois avec les esclaves *marrons* et leurs chefs, se rendit à son ancien *ajoupa*, sur la lisière de la montagne Pelée. Maubrac avait apporté avec lui un quartaut de bonne eau-de-vie, et de l'argent plus que ses poches n'en avaient contenu jusqu'alors.

Depuis un mois qu'il avait abandonné ce repaire moitié sauvage, pour goûter de la vie qu'il avait menée, l'herbe avait crû avec un luxe envahissant autour et dans l'intérieur de la cabane. Maubrac fit un peu la grimace en songeant au lit voluptueux, à la bonne chère, aux douceurs élégantes qu'il venait de quitter pour ce bouge d'où les herbes semblaient vouloir le chasser. Le toit de l'ajoupa et les bambous qui en formaient les murailles apparaissaient au milieu des haziers et des plantes grimpantes, comme la ruine d'un antique monument.

Maubrac remarqua cependant que l'herbe avait été foulée autour de la cabane, et que les quelques légumes laissés en terre au moment de son départ avaient été moissonnés. Un mousquet oublié dans un coin de l'ajoupa avait également disparu. A une centaine de pas de la porte obstruée par une barrière de verdure, il ramassa un *banga-*

la (1) dont le bout ferré portait des taches de sang caillé, ainsi qu'un long couteau que l'humidité du sol avait rouillé.

— Non-seulement, pensa Maubrac, on m'a fait l'honneur de me venir visiter en mon absence, mais encore on a pillé mes terres et dévalisé l'intérieur de ma maison; de plus on s'est battu sur mon territoire.

Il n'était pas douteux pour Maubrac que la lutte se fût passée entre nègres, les armes trouvées le disaient assez; preuve à peu près certaine que les *marrons* de Fabulé et ceux de Macandal s'étaient rencontrés en ce lieu.

— C'est bien de l'honneur pour moi, en vérité, murmura le colon, que ma maison soit le but des pèlerinages des deux bandes ennemies!...

Maubrac ne savait pas combien de temps durerait son exil dans l'ajoupa; il fallut donc songer à en rendre le séjour, sinon agréable, du moins possible. Aidé par un esclave dont il s'était fait accompagner, il eut recours au moyen le plus expéditif et le plus pratiqué dans le Nouveau-Monde pour défricher les terres : il mit le feu aux herbes de l'intérieur de la cabane. L'aventurier fut médiocrement satisfait de voir fuir devant cet incendie, où il y avait plus de fumée que de flamme, deux

(1) Bâton ferré qui était une arme terrible entre les mains des nègres.

ou trois nichées de serpents épouvantés. Cette découverte le décida à faire la même opération autour de la cabane. L'incendie, qui avait là de l'aliment à satiété, s'étendit sur un vaste espace, en répandant dans l'air une fumée épaisse et noire qui dura toute l'après-midi et jusqu'au soir ; à ce moment, la flamme basse et bien nourrie, commença de répandre une lueur sinistre qui roulait à ras de terre comme une vague de feu.

Après qu'il eut purgé sa retraite, Maubrac dit au nègre qui l'accompagnait :

— Maintenant, va-t'en faire bonne garde ou bonne chasse à l'entour ; et le premier *marron* que tu rencontreras, amène-le-moi en lui disant qui l'attend ici.

Maubrac se servait de ce nègre, comme les chasseurs de bêtes fauves se servent de certains animaux qu'ils offrent en holocauste à la voracité du tigre ou de la panthère.

Le nègre, pour qui la tentation était bien forte de se trouver seul et libre en plein pays de *marronnage*, voulut cependant sonder les intentions de l'aventurier. Il lui posa donc naïvement cette question :

— Si, au lieu de pouvoir conduire ici les *marrons* que je rencontrerai, ce sont eux qui m'entraînent au fond des bois ?

— Imbécile, répondit Maubrac, t'imagines-tu

qu'en te conduisant ici, je n'ai pas fait à l'avance le sacrifice de ta personne? Crois-tu que j'aie espéré de pouvoir te ramener à Saint-Pierre? Est-ce que le poisson que tu jettes à la mer après l'avoir pêché, s'avise de revenir sur le rivage? Amène-moi donc d'abord des *marrons*, après quoi tu partiras avec eux, s'il te semble bon ; je n'y prendrai pas garde.

— Merci, maître, répondit le nègre avec joie.

Et il partit en courant.

Maubrac s'allongea dans un hamac et attendit, l'œil et l'oreille au guet. Soit que les émanations du quartaut d'eau-de-vie eussent pénétré jusqu'au fond des bois, soit que l'incendie des haziers et des herbes de l'ajoupa eût paru aux nègres de loin, un signal leur annonçant le retour d'un hôte ami, toujours est-il que vers le milieu de la nuit, Maubrac entendit un bruit de pas légers, et, à travers les bambous mal joints, il aperçut la lueur rougeâtre d'un flambeau de résine. Il sauta à bas de son hamac, et attendit de pied ferme les visiteurs qui lui arrivaient.

— Qui va là? cria-t-il.

— Est-ce vous, compère Maubrac? demanda une voix que le colon reconnut bien.

— Oui, Fabulé, c'est moi, tu peux t'approcher.

Fabulé s'avança suivi de deux compagnons et salua familièrement Maubrac.

— Est-ce mon nègre qui t'a conduit ici? demanda l'aventurier.

— Quel nègre?

Un drôle que j'avais mis en faction pour avertir le premier de vous qu'il rencontrerait, que j'étais ici, et désireux de te voir, compère. Si tu n'as point rencontré ce coquin, c'est qu'il sera déjà parti *marron*.

— Est-il à vous, ce nègre?

— Tu sais bien, Fabulé, que je n'ai plus d'esclaves. J'en ai possédé deux; ils sont allés l'un après l'autre, dans ton propre camp, — et tu me les as gardés. — Non, celui-là m'avait accompagné pour me servir pendant les quelques jours que je viens passer à la campagne, au milieu de vous. On me l'avait prêté, et je lui avais permis de partir dès que je n'aurais plus besoin de lui.

— C'est un misérable! s'écria Fabulé avec une indignation sérieuse; voulez-vous, maître, qu'on le recherche et vous le ramène?

Cette proposition du chef *marron* n'étonna pas Maubrac; il savait par expérience combien est fantasque le caractère du nègre. Dans la pensée de Fabulé, cet esclave n'était pas dans une condition à s'évader; il avait abusé d'une confiance dont il n'était pas digne.

— Je ne tiens pas à ce drôle, répondit Maubrac; je n'ai plus besoin de lui, puisque te voilà, et même je te fais cadeau de sa personne; s'il vient à ton camp, garde-le, il sera de bonne prise.

— Merci, maître, répondit Fabulé, en s'asseyant sur le quartaut d'eau-de-vie qu'il regardait, depuis son arrivée, d'un œil de convoitise, et il reprit : Je vous croyais devenu tout à fait riche et puissant?

— Tu ne te trompes pas, compère; aussi t'ai-je dit tout à l'heure que j'étais venu passer quelques jours à la campagne pour te voir et causer avec toi. La fortune ne me rend ni oublieux ni ingrat.

— Et qu'est-ce que vous avez donc à me dire, maître ? demanda le nègre en battant un air de danse sur les douves du petit baril.

— Oui, je suis devenu riche, Fabulé ; je suis l'ami, le protégé, le favori de la comtesse de Saint-Chamans. Sais-tu de qui je veux parler en te nommant cette dame?

— Parfaitement, répliqua le nègre; c'est, dit-on, une très-jolie dame, très-généreuse, très-bonne, et que les créoles détestent. Raison de plus pour que nous l'aimions, nous autres !

— A merveille ! Eh bien madame de Saint-Chamans, à qui j'ai parlé de toi, de ta bravoure, de tous tes mérites, enfin, m'a chargé de t'offrir son amitié, sa protection, ce baril d'eau-de-vie sur lequel tu es assis, et l'argent que j'ai dans ma poche, en échange d'un service...

— Je suis prêt à tout ! s'écria Fabulé en enlevant la bonde du quartaut, et il but à grandes gorgées l'eau-de-vie qu'il versait dans le creux de sa main.

— Il va sans dire, reprit Maubrac, que la protection de la comtesse, celle du gouverneur et la mienne, te sont acquises, avec l'impunité la plus entière. Tu pourras donc t'y prendre, pour réussir, de telle façon que tu voudras.

— De quoi s'agit-il ? demanda le nègre en faisant claquer ses lèvres repues, et en reprenant sa première position à cheval sur le baril.

— Il y a à la Martinique un créole que madame de Saint-Chamans abhorre. Il l'a insultée, blessée dans sa dignité.

— Une dame qui est si bonne et qui a de la si bonne eau-de-vie !

Et comme si un souvenir irrésistible se fût emparé de son palais, Fabulé s'assit par terre, enleva de nouveau la bonde du quartaut, emplit un petit *couï* qu'il portait dans sa poche, passa une rasade à Maubrac, puis à chacun de ses deux compagnons, et vida deux fois le *couï* pour son compte.

— Comment se nomme ce créole ? demanda-t-il en se dressant sur ses pieds.

— Il s'agit de M. Du Buc, le connais-tu ?

— Parbleu ! si je le connais. Eh bien ! qu'est-ce

que la bonne maîtresse veut qu'on lui fasse ? Faut-il le tuer ?

— Non, il faut tout simplement le ruiner, d'abord, en faisant révolter ses nègres, en mettant le feu à sa case. Surtout, n'oublie pas ceci, Fabulé, tu profiteras du désordre où sera l'habitation pour fouiller les cachots et enlever un blanc que la comtesse soupçonne M. Du Buc d'y avoir enfermé.

— Ensuite ?

— Tu enlèveras ce blanc, et tu le conduiras à ton camp.

— Que faudra-t-il faire de lui ?

— Le bien cacher et le bien enchaîner, de peur qu'il ne s'évade ou qu'on ne le reprenne, et attendre les ordres de la comtesse.

— Je suis prêt. Dans deux jours, Fabulé, la torche dans une main et le couteau dans l'autre, aura payé à la bonne madame le prix de son amitié.... et de son eau-de-vie.

— Tu réponds du succès, compère ?

— J'en réponds. Joachim, reprit Fabulé en s'adressant à l'un des deux nègres qui l'avaient accompagné ; mets-toi vite en route pour l'habitation Du Buc, et dis au commandeur que je l'attends demain, dans la nuit, devant les bambous de la rivière Blanche.

— Es-tu sûr de ce commandeur ? demanda Maubrac.

— Sur un ordre de moi, il sèmera la révolte dans toute l'habitation.

— Adieu, compère.

— Adieu, maître.

Fabulé s'éloigna emportant son baril d'eau-de-vie, et faisant sonner ses poches où Maubrac avait versé deux poignées d'argent. Maubrac avait trouvé moyen de faire des économies. Il creusa un trou dans un coin de l'ajoupa et y enterra le restant de la somme.

— Que l'herbe y pousse maintenant, murmura-t-il, et qu'elle lui soit légère !...

Maubrac n'espérait pas que sa mission fût si promptement terminée. Heureux de ce rapide dénoûment, il s'apprêtait, dès le matin, à se mettre en route, lorsque Macandal apparut sur le seuil de l'ajoupa.

— Ma foi ! pensa l'aventurier, je ne devais pas manquer d'être promptement débarrassé de ma corvée : si je n'avais reçu, hier au soir, la visite de Fabulé, celle de Macandal, ce matin, mettait fin à mon exil. L'un ou l'autre, cela m'importe peu.

— Bonjour, compère, ajouta-t-il en s'adressant au mulâtre.

— Vous avez besoin de moi, maître ? demanda le chef en examinant scrupuleusement l'intérieur de l'ajoupa.

— Qui t'a dit cela ?

— Votre nègre, qui est venu jusqu'à mon camp m'annoncer votre arrivée, le désir que vous aviez de me voir, et me faire part que vous étiez chargé de m'offrir un baril d'eau-de-vie.

Maubrac se mordit les lèvres.

— De quel nègre veux-tu parler? demanda-t-il,

— De celui à qui vous aviez donné la permission de partir *marron*, dès qu'il m'aurait envoyé à vous. Il s'est récompensé lui-même en entrant à mon camp, où il a été le bienvenu. Vous n'espérez pas que je vous le ramène, n'est-ce pas?

Maubrac se sentit confus et intimidé.

— Où donc est le baril d'eau-de-vie? fit Macandal, et quel service voulez-vous de moi, maître?

Maubrac prit le parti de tout avouer.

— Ma foi, mon pauvre compère, dit-il à Macandal, je n'avais pas chargé ce nègre de t'avertir, toi plutôt que Fabulé. Ce dernier est venu hier au soir, il a passé la nuit ici, et il a emporté le baril d'eau-de-vie.

Au nom de Fabulé, Macandal poussa un rugissement.

— Et vous lui avez demandé le service que vous attendiez de moi?

— Naturellement, mon compère ; mais sois tranquille, avant peu de temps j'en appellerai peut-être à ton dévouement aussi.

— C'est bien, répondit Macandal d'une voix sombre. Et quelle espèce de service lui avez-vous demandé, à ce nègre ? ajouta-t-il sur un ton où perçaient et sa haine contre Fabulé, et le mépris qu'il professait pour son rival.

Maubrac comprit qu'il fallait agir avec prudence.

— Si c'était à toi, répondit-il à Macandal, que j'eusse demandé ce service et que Fabulé m'eût posé la question que tu me poses, je lui eusse répondu...

— Que vous vouliez garder votre secret, interrompit le mulâtre, c'est juste, monsieur Maubrac, gardez-le. — A part soi, Macandal ajouta : Heureusement, j'étais caché derrière l'ajoupa, et j'ai tout entendu. M. Du Buc sera prévenu à temps.

— Tu ne m'en veux pas, Macandal, fit Maubrac, qui commençait à s'inquiéter de l'air sombre et réfléchi du mulâtre.

— Moi, maître ? Et de quoi vous en vouloir ? Fabulé a été plus prompt que moi, cette fois encore ; il arrive toujours chez vous le premier, même quand il s'agit de voler le mousquet que vous aviez laissé dans votre ajoupa, et de dévaliser vos plantations. Mes nègres n'ont pas été assez forts pour défendre la propriété d'un ami ; ils ont été battus et vaincus à votre porte... C'est encore pour lui sans doute que vous avez enterré dans ce coin... je ne sais quoi ?...

— Là ? fit Maubrac en montrant la terre fraîchement remuée où il venait de cacher son argent.

— Oui, là, reprit le mulâtre.

— Eh bien, j'ai enterré dans ce coin une poignée d'argent que je te donne en compensation du baril d'eau-de-vie.

Maubrac se croyait quitte à bon marché en sacrifiant ses épargnes.

— Merci, répliqua brusquement Macandal; je n'ai pas besoin de cet argent. Je rends gratuitement les services qu'on me demande. Vous le verrez quand l'occasion se présentera.

L'aventurier avait hâte de s'éloigner; la présence du mulâtre le mettait mal à l'aise. Il éprouvait comme un mauvais pressentiment de cette préférence involontaire qu'il avait accordée à Fabulé dans l'accomplissement d'une mission à la fois difficile et périlleuse.

Il savait Macandal bien autrement intelligent que son rival; mais il était trop tard pour en appeler au concours du premier. Lui confier maintenant un secret que, d'après la conversation de Macandal, il croyait ignoré de celui-ci, c'était risquer de compromettre l'entreprise. Par haine contre le nègre, par dépit ou par caprice même, le mulâtre était capable de le faire échouer.

— Adieu, compère ! lui dit-il, je reviendrai ici un jour, bientôt sans doute, exprès pour te voir.

Mon signal sera une torche hissée au haut de ce palmiste.

— Je serai exact à l'appel, répondit Macandal. Au revoir donc, maître !

Quand Maubrac fut parti, Macandal déterra l'argent de l'aventurier, et alla le jeter dans un ravin au fond duquel roulait un de ces nombreux ruisseaux dont est sillonnée la Martinique et qui deviennent, aux jours de tourmente, des torrents formidables.

— Fabulé serait capable de découvrir cet argent, murmura Macandal ; et moi, je n'en ai pas besoin.

Macandal lança les deux poignées de monnaie dans le gouffre avec un naïf dédain, qu'un philosophe de la civilisation eût envié. Il écouta les pièces rebondir et sonner sur les roches qui servaient de lit au ruisseau ; penché sur le ravin, il suivait avec une joie qui se reportait surtout à la déception qu'éprouverait Fabulé, la chute de ces pièces d'or et d'argent dont il faisait si peu de cas, lui.

Ce n'étaient pas seulement la haine et la jalousie qui avaient inspiré à Macandal la résolution d'avertir Du Buc du complot tramé contre lui, c'était surtout son dévouement pour la famille d'Autanne. Or, Macandal, parfaitement au courant de tout ce qui se passait dans l'intérieur de la maison de son ancien maître, savait que Du Buc était fiancé à Antillia. Ruiner Du Buc, c'était attenter à l'avenir d'Antillia, c'était jeter le deuil dans la famille d'Autanne.

Macandal se dirigea en plein jour, au risque de se faire arrêter, au risque de sa vie même, vers l'habitation d'Autanne, de manière à devancer le messager de Fabulé.

VII

Macandal courut directement à la case de M. d'Autanne. Ses anciens compagnons d'esclavage le regardaient avec étonnement passer silencieux et calme dans son audace ; ils n'osaient en croire leurs yeux, que ce mulâtre *marron*, sous la menace du fouet, de la prison, bravât ainsi en plein jour, sur sa propre habitation, l'autorité et le courroux du maître. Ses meilleurs amis, ses plus dévoués affidés détournaient la tête pour ne le point voir. Macandal, comprenant cette réserve et cette crainte, ne chercha à adresser la parole à aucun d'eux. Il traversa, pareil à un fantôme ou à un Dieu, ce troupeau d'esclaves stupéfaits.

Macandal continua son chemin, sans s'émouvoir. Dans le voisinage des dépendances de la maison il avisa Lucinde assise sur le seuil d'une porte, le visage caché dans ses deux mains et plongée dans une rêverie si profonde, qu'elle n'entendit pas venir le mulâtre. Celui-ci toucha l'épaule de Lucinde, qui se leva en poussant un grand cri.

— Es-tu fou? dit-elle au fugitif, de venir en plein jour ici? Vas-tu recommencer ton insolente entreprise et vouloir dîner à la table de M. d'Autanne? Oh! va-t'en, Macandal, sauve-toi au nom du ciel !

Le mulâtre écouta froidement et sans sourciller cette explosion de crainte de la part de Lucinde.

— Tiens, reprit celle-ci en voyant que Macandal demeurait immobile et impassible, j'avais tout à l'heure de mauvais pressentiments; quand je fermais les yeux, je voyais le ciel tout noir... Va-t'en, te dis-je.

— Tu avais raison d'avoir de sinistres pensées, Lucinde, car d'effroyables malheurs menacent cette maison ; mais ce n'est pas pour moi qu'il faut craindre. Je viens, au contraire, conjurer ces malheurs.

— De quels malheurs parles-tu?

— Conduis-moi vite dans ta case et va dire à M. Henri, secrètement, que je l'y attends.

—Dire à M. Henri que tu l'attends ! murmura la jeune négresse avec terreur.

— Ne crains rien, va ; M. Henri ne m'arrachera pas un cheveu. Il me remerciera au contraire.

Lucinde obéit avec trouble aux ordres de Macandal ; elle l'introduisit dans sa case, et alla toute tremblante prévenir Henri sans oser prononcer devant lui le nom de Macandal.

Quand le jeune créole se trouva en présence de l'esclave, celui-ci lui dit d'une voix ferme et résolue :

— Maître, je suis Macandal.

Henri frissonna en fixant un regard de surprise sur le mulâtre, dont le visage ému accusait cependant une certaine confiance dans le résultat de la démarche qu'il accomplissait à ce moment.

— Ah ! c'est toi qui es Macandal, murmura Henri, qui ne pouvait croire que ce coupable vînt se jeter au-devant du supplice, sans qu'un grave motif le poussât à agir ainsi.

— Vous pouvez, maître, reprit-il, me faire arrêter, jeter au cachot, fouetter ; je me livre à vous. Mais quand vous m'aurez entendu, vous jugerez si je mérite un châtiment ou la conservation de ma liberté.

— Parle, fit Henri ; et pourvu qu'il ne te prenne pas la fantaisie d'insulter de nouveau mon père et ma sœur, en voulant t'asseoir à leur table, si en effet tu m'apportes quelque grande nouvelle, je te promets de te laisser partir d'ici aussi librement que tu y es venu.

Macandal raconta alors à Henri, dans tous ses détails, la scène à laquelle il avait assisté, la nuit précédente, et lui révéla le projet arrêté entre Fabulé et Maubrac.

— Tu es certain, lui demanda Henri, que c'est la comtesse de Saint-Chamans qui est l'âme de ce complot?

— J'en suis certain, maître.

— Quel parti crois-tu le plus prudent à prendre, Macandal? Faut-il arrêter Fabulé ou le commandeur de l'habitation de M. Du Buc?

— Vous ne parviendrez pas à vous emparer de Fabulé, je le sais; empêchez plutôt le commandeur d'aller au rendez-vous. Partez vite pour l'habitation de M. Du Buc, maître, si voulez éviter de bien grands malheurs.

— Ce n'est pas assez de nous assurer de ce commandeur, il faudra encore...

— Vous me direz vos projets plus tard, monsieur Henri; courez au plus pressé.

— Tu as raison, Macandal. Tu seras libre; mais attends mon retour avant que de partir.

— C'est dit, maître, je vous attendrai.

Cinq minutes après, Henri montait à cheval et partait au galop pour l'habitation Du Buc.

— Ce pays est perdu! pensait le jeune créole,

pendant que son cheval l'emportait avec la rapidité du vent. Ce pays est perdu, si une intrigante, pour servir ses vengeances, déchaîne contre nous les hyènes, et que nous soyons obligés d'en appeler aux tigres et aux lions pour nous défendre !

Henri n'avait voulu répondre à aucune des questions d'Antillia, chez qui son air inquiet avait excité une curiosité soucieuse. Henri avait une grande foi dans le cœur et dans l'esprit de sa sœur. Ce n'était donc point par défaut de confiance qu'il avait refusé de donner à la jeune fille les explications qu'elle demandait ; c'était par crainte que quelque oreille indiscrète ne surprît cette confidence. Henri se borna à lui dire :

— Fais-toi conduire par Lucinde à l'endroit d'où je viens, et commande à l'homme que tu y trouveras de te répéter les mêmes paroles qu'il m'a dites. Au revoir, sœur, bon courage et bon espoir.

Macandal, après le départ d'Henri, s'était retiré dans le coin le plus obscur de la case, la tête penchée sur sa poitrine, les bras croisés dans l'attitude que l'on a donnée au Spartacus brisant ses fers. Macandal, qui certainement n'avait jamais entendu parler de Spartacus, méditait, à ce moment, sur l'issue possible de cette lutte où il allait peut-être jouer un rôle qu'il n'avait pas encore pu entrevoir.

La présence d'Antillia troubla son rêve, mais y ajouta en même temps un splendide éclat qui éblouit les yeux du mulâtre. Subitement, l'horizon de son ambition s'était élargi, et la beauté de la jeune créole lui avait apparu comme le soleil d'un ciel jusqu'alors caché à ses regards. Macandal avait grandi dans sa pensée et dans sa propre estime, en proportion du rôle qu'il allait remplir. Il s'était dépouillé de son humilité, de son ignominie d'esclave *marron*, et il avait pris l'âme, les passions, l'orgueil d'un héros. Pour la première fois, il avait osé regarder en face une femme blanche, la fille de son maître, avec les yeux d'un homme et non plus avec ceux d'un esclave.

Il demeura un instant immobile, contemplant Antillia, et frissonnant aux paroles qu'elle prononça ; un nuage passa sur son cerveau et obscurcit sa pensée. Il ne put articuler un seul mot, et tomba à genoux devant la jeune fille, dans une attitude où celle-ci ne vit que du respect et de la soumission.

Lucinde ne se méprit point sur l'émotion et le trouble de Macandal. Elle se rappela tout à coup l'enthousiasme avec lequel le mulâtre lui avait souvent parlé de sa jeune maîtresse. Ce fut comme un éclair dans la pensée de Lucinde, qui sentit son cœur se serrer, et ses dents coupèrent ses lèvres ; le sang lui jaillit du cœur au cerveau, et elle ne put définir, en ce moment, qui elle haïssait le plus d'Antillia ou de Macandal.

C'eût été un tableau curieux à peindre, comme expressions diverses, que celui de ces trois personnages : l'un, maître à peine d'une passion subitement révélée, dont l'énergie s'épanouissait sur son visage avec une naïveté toute primitive; l'autre, abritée dans l'orgueil de sa race et de son rang, ne soupçonnant pas qu'un esclave *marron* pût avoir tant d'audace, acceptait cet hommage avec une candeur charmante; enfin Lucinde, frappée au cœur et mordue par le serpent de la jalousie, contemplait d'un regard plein de haine ce spectacle, que sa pensée n'aurait pu concevoir.

Antillia retira doucement sa main sur laquelle Macandal s'était courbée.

— Macandal, lui dit-elle, mon frère t'ordonne de me confier la cause de son départ précipité.

Le mulâtre se releva, et s'adressant à Lucinde :

— Le secret des blancs ne nous appartient pas, dit-il à la négresse. Laisse-moi seul avec mademoiselle Antillia.

Lucinde demeura immobile à sa place. Je n'affirmerai pas qu'elle eût compris l'ordre que Macandal venait de lui donner.

— N'as-tu pas entendu? reprit le mulâtre.

Lucinde ressentit au cœur un froid glacial; elle se retira lentement et comme à regret. Elle feignit de s'éloigner, puis revint et colla son oreille contre la porte que Macandal avait fermée avec précaution. Elle entendit ainsi la confidence entière du complot. Ce secret, surpris en pleine ébullition de haine et de jalousie par la jeune négresse, lui parut être une arme que le ciel envoyait à sa vengeance. Lucinde, en proie à une sorte de délire, s'enfuit rapidement sans savoir où la fièvre poussait ses pas. Une sorte d'instinct la mit sur le chemin des bois de la montagne Pelée. Elle marcha de la sorte jusqu'à la nuit, s'arrêta sur le bord d'un des précipices qui encadrent le lit de la rivière Blanche, dont les eaux tourmentées par les roches grondent avec un bruit de cataracte, s'assit sur une large pierre, et, le menton appuyé dans sa main, elle se prit à réfléchir.

Antillia, après qu'elle eut reçu la confidence de Macandal, laissa le mulâtre dans la case de Lucinde, et rejoignit son père devant qui elle affecta un calme admirable.

Resté seul, Macandal eut peur des sentiments dont il était agité et de l'horrible perplexité où le plongeaient, d'une part, son amour audacieux pour Antillia, de l'autre, l'engagement qu'il avait pris avec Henri. Persisterait-il dans son dévouement plein d'abnégation ? ou bien laisserait-il Fabulé commettre, et, au besoin, l'aiderait-il à commettre un crime dont le succès seul pouvait favoriser les rêves étranges que la présence d'Antillia avait subitement éveillés en lui ?

— Si je manque à ma foi promise, se disait-il, je m'avilis à mes propres yeux et aux yeux d'Antillia. En mettant mon courage, ma force, mon influence au service de sa race, je change de rôle ; je m'élève, je conquiers tout au moins sa reconnaissance. Il est vrai que je sauve son fiancé de la ruine et de la mort ; mais le mariage n'est pas encore accompli.

Macandal faisait, en sa conscience, des réserves pour l'avenir. Sa générosité n'était qu'un compromis ; les liens où il s'enchaînait étaient donc faciles à rompre au besoin. Il n'osait se montrer hors de la case de peur d'être surpris, malgré sa confiance dans le respect et la terreur qu'il inspirait, pour assurer sa liberté. Il demeura donc enfermé, roulant dans sa tête d'ardentes pensées.

Vers le soir, il se hasarda à plonger le regard dans la masse d'ombres épaisses qui couvraient le sol autour de lui. Il aperçut une forme blanche, immobile sur le seuil de la maison du maître ; c'était Antillia qui, debout, la tête appuyée sur son bras, épiait avec anxiété le retour de son frère. Les yeux de la jeune créole étaient obstinément fixés sur un chemin creux qui conduisait à la petite plate-forme où s'élevaient les bâtiments de l'habitation.

Macandal contempla avec attendrissement cette forme vaporeuse de la jeune fille, dont la robe blanche et le madras rouge, déjà porté chez les femmes créoles, tranchaient sur le rideau sombre de la nuit. Pas une lumière ne brillait dans la maison de M. d'Autanne, non plus que dans aucune des cases qui l'environnaient.

La tentation était grande pour Macandal, de se rapprocher encore une fois d'Antillia, qu'il ne reverrait peut-être plus jamais. Il se fonda sur l'importance du service qu'il venait de rendre à la famille d'Autanne et à Du Buc, pour excuser l'audace de son action. Le mulâtre sortit donc de la case et se dirigea vers Antillia.

Celle-ci, en entendant un bruit de pas, fit un mouvement de retraite pour rentrer dans la case.

— N'ayez pas peur, mademoiselle, murmura Macandal à mi-voix et en s'approchant respectueusement, c'est moi.

Antillia avait des larmes dans les yeux : son visage portait les traces d'une vive anxiété. Ce trouble de la jeune fille n'échappa point à Macandal.

— Vous êtes impatiente, mademoiselle, lui dit-il, de voir revenir votre frère. C'est à peine s'il pourrait être de retour, je ne l'attendais pas si tôt ; vous avez tort de vous inquiéter.

— Je ne suis pas maîtresse de mes pressentiments, répondit Antillia ; ce n'est pas seulement le retour de mon frère qui me préoccupe en ce moment, c'est l'avenir où j'entrevois les plus grands malheurs.

— Pour qui?

— Pour nous autres colons ; pour Henri, pour moi!...

— Pour ce qui est de vous et de M. Henri, répliqua le mulâtre, ne craignez rien. Je vous ai déjà sauvée de la mort une fois, mademoiselle; vous vous en êtes tous souvenus dans cette maison bénie pour vous montrer bons et indulgents envers moi. J'ai donc fait le serment à mon cœur de vous dévouer toute mon existence. Vous n'aurez aucun danger à courir tant que Macandal pourra manier un *bangala* et un couteau.

— Merci, répondit Antillia, qui fit quelques pas vers le chemin creux et en tendant l'oreille.

C'était une fausse alerte; elle revint s'appuyer contre la porte dans l'attitude de la résignation et de la souffrance. Les protestations de dévouement de Macandal n'avaient pas apaisé complétement ses terreurs et ses mauvais pressentiments.

— Où donc est Lucinde? demanda-t-elle.

— Je l'ai vainement attendue depuis votre départ de la case, mademoiselle. Lucinde se sera blessée peut-être que j'aie voulu rester seule avec vous, pour vous confier le secret que votre frère m'ordonnait de vous dire.

— Si Lucinde avait écouté et entendu cette confidence? fit Antillia avec un vif mouvement d'inquiétude.

— Ne craignez donc rien, mademoiselle, reprit Macandal. Lucinde vous est dévouée autant que moi, et si elle vous trahissait, je l'écraserais comme une couleuvre.

Antillia fixa de nouveau son regard sur le chemin où devait revenir Henri. Macandal, retiré à quelques pas en arrière, dominé par un reste de crainte que la condition de la jeune créole lui imposait, la contemplait avec une ardeur toute naïve, le cœur troublé, la tête en feu. Sa respiration était courte et saccadée, comme celle d'un homme en proie à une vive passion que la timidité ou le respect comprime. Antillia ne paraissait pas se douter du danger qui la menaçait, non plus que des douleurs qu'elle causait.

On a habitué, depuis l'origine des colonies, les femmes blanches à ne point voir des hommes dans les esclaves. La candeur naturelle d'Antillia ne l'en eût-elle pas préservée déjà, que le mépris naturel qu'elle ressentait pour Macandal, au milieu même de l'attachement qu'elle éprouvait pour celui-ci, ne lui permettait pas de donner aux paroles, aux regards du mulâtre aucune interprétation autre que celle d'une grande vénération et d'un profond dévouement. Le danger réel qui eût pu résulter pour la jeune créole d'un contact si émouvant avec un homme de sa caste et de sa condition, n'existait pas en présence de Macandal. Antillia n'éprouvait même aucun embarras.

Tout à coup les sabots de deux chevaux résonnèrent sur les cailloux du chemin.

— Mon frère ! s'écria Antillia en courant au-devant d'Henri qui était accompagné de Du Buc, celui-ci portant en travers de son cheval une masse inerte qu'il déposa sur le sol. C'était Dubost garrotté et bâillonné.

— Macandal est toujours là, n'est-ce pas ? demanda Henri en embrassant sa sœur.

— Me voilà, maître.

— Tiens, dit Henri au mulâtre en lui montrant Dubost, ceci est un dépôt que nous te confions. Tu vas conduire ou plutôt emporter cet homme à ton camp, et tu le mettras à l'abri de toute surprise et de tout coup de main. Tu me réponds de lui ?

— Oui, maître.

— C'est une pièce de conviction dont nous aurons besoin un jour. Quant au commandeur de l'habitation Du Buc, il est au cachot et aux fers, je suis arrivé avant qu'il ait pu communiquer avec le messager de Fabulé. Maintenant le reste nous regarde; et cette coquine nous paiera cher son audacieux caprice. Mais, reprit Henri avec une fermeté imposante, tu m'as juré fidélité, Macandal; je puis en toute occasion, quelque événement qui survienne, me fier à toi, n'est-ce pas ?

— Vous le pouvez, maître.

— Tiens, vide ce verre d'eau-de-vie. A ta santé, Macandal !

Les deux créoles et le mulâtre trinquèrent dans l'ombre. A la face du soleil, ils n'eussent pas osé le faire.

— Tu ne pourras gagner ton camp avec ce fardeau, dit Henri ; prends mon cheval.

— Votre bête ne me servirait à rien ; je ne ferais pas dix pas que je serais obligé de l'abandonner : nos chemins ne sont point faits pour être traversés à cheval.

Ce disant, Macandal saisit Dubost et le chargea sur ses épaules.

— Adieu, maître... adieu, mademoiselle ! demain matin votre homme et moi nous serons rendus à mon ajoupa.

Macandal s'éloigna d'un pas rapide.

En même temps que celle-ci, une autre scène se passait aux bambous de la rivière Blanche.

Lucinde avait gagné le lieu du rendez-vous assigné par Fabulé au commandeur de Du Buc, et lui avait annoncé la révélation de Macandal et la ruine de son projet.

— Tu mens! s'était écrié le chef *marron*.

Dans sa pensée, la haine qui les divisait ne pouvait porter Macandal à cette extrémité, de préférer servir la cause des colons plutôt que de favoriser, au moins par l'inaction, une entreprise qui devait mettre l'île tout entière à la merci des esclaves.

— Tu mens, reprit le nègre en saisissant par les poignets Lucinde qui poussa un cri de douleur, et tu veux m'entraîner dans un piége. Je ne bougerai pas d'ici, et tu y resteras avec moi; j'attendrai toute la nuit, s'il le faut, le commandeur de l'habitation Du Buc. Et mon nègre que penses-tu qu'ils aient fait de lui?

— Crois-tu, répliqua Lucinde, que s'ils ont arrêté le commandeur, comme cela est probable, ils n'auront pas arrêté également ton messager?

— Qu'importe! murmura Fabulé en abattant de son *bangala* les tiges des bambous; qu'importe!... J'attendrai.

Cette obstination de Fabulé à ne point abandonner le lieu de son rendez-vous favorisa précisément la retraite de Macandal, qui arriva sans encombre à son camp avec son précieux fardeau.

Dubost, inquiet de son sort, et ne sachant à quoi

attribuer ce changement de captivité, avait interrogé le mulâtre sur la cause de sa transportation au milieu des *marrons*.

— Votre femme veut vous faire assassiner, répondit celui-ci, — selon les instructions qu'il avait reçues, — et les colons qui sont vos amis vous arrachent à la mort.

Il faisait grand jour quand Fabulé, ne doutant plus de l'exactitude du récit de Lucinde, se décida à regagner ses bois. Il emmena avec lui la jeune négresse, comme otage ou comme consolation, — il ne savait pas encore définir à quel titre.

VIII

Les événements que nous venons de raconter avaient, aux yeux des colons, trop de gravité pour que la simple arrestation d'un commandeur et du messager de Fabulé les satisfît. Quant à l'enlèvement de Dubost, c'était là un secret que d'Autanne et Du Buc avaient dû garder pour eux seuls ; et, si heureux qu'ils fussent du secours inattendu de Macandal, ils répugnaient encore à se fier absolument à ce mulâtre qu'un caprice ou la nécessité peut-être d'assurer son salut pouvait entraîner à les trahir.

Pour toutes ces causes, les deux jeunes créoles résolurent de hâter le dénoûment de cette aventure. Le plus court et le plus prompt moyen leur parut être de tenter une démarche auprès du marquis de la Varenne, démarche qui aurait pour objet de signaler au gouverneur, en lui demandant justice, le complot de Fabulé et de ses complices.

Cet avis fut partagé par les habitants du Prêcheur, et on convint qu'une députation choisie parmi les plus vieux et les plus notables colons, se rendrait auprès de la Varenne. Une pareille détermination ne pouvait demeurer une affaire secrète. Le bruit en parvint à Saint-Pierre avant que la députation y arrivât. Maubrac et la comtesse en furent informés et comprirent qu'il y allait de leur intérêt de déjouer l'effet de cette démarche. Ils eurent recours, d'un commun accord, à deux moyens susceptibles d'un plein succès : la violence et la fourberie.

Madame de Saint-Chamans, le masque de la résignation au visage, le cœur gonflé, des larmes à ses paupières, et armée en même temps de toutes les pièces de son arsenal de coquetterie, se rendit chez le marquis de la Varenne.

— Il se prépare pour vous, lui dit-elle, une épreuve pénible à traverser, mon ami.

— Je la surmonterai, répondit la Varenne avec

la brusquerie et le ton résolu qui lui étaient habituels.

— Mais non pas sans difficulté, répliqua la comtesse. Il y va de votre honneur, de votre repos, de la paix et de la gloire de votre administration. Vous savez si je vous suis attachée et dévouée, la Varenne, eh bien ! je viens vous annoncer que je suis prête à accomplir, dans votre intérêt, le plus grand des sacrifices.

— Je ne vous comprends pas, Claudine ; expliquez-vous.

— Il m'est revenu que les réclamations que vous allez entendre de messieurs les colons sont dirigées surtout contre moi.

— Contre vous ?

— Oui ; déjà vous le savez, on accuse le chevalier de Maubrac d'être l'instigateur du complot attribué à Fabulé.

— Après?

— Eh bien ! maintenant ce que l'on ne vous a pas encore dit et ce que je sais, moi, c'est que les colons prétendent me comprendre dans la même accusation.

— Vous êtes folle, Claudine, ou bien ils sont bien hardis et bien insolents !

— Je suis pour tous ces gens-là un objet de jalousie, et de haine pour quelques-uns. Je vous parlais, tout à l'heure, de repos pour vous et de sacrifice de ma part; ce sacrifice que je vous dois, mon ami, c'est une retraite à laquelle je suis bien résolue.

— Votre retraite, y songez-vous ?

— Oui, je quitterai la colonie dès demain ; j'ai engagé M. de Maubrac à faire de même. Déjà il s'est éloigné de Saint-Pierre, en sorte que lorsque messieurs les colons viendront déposer leurs plaintes devant vous, il suffira que vous leur annonciez mon départ, pour les voir apaisés par enchantement.

La Varenne se promenait comme un furieux autour de la pièce, en écoutant cette confidence de madame de Saint-Chamans, qui pleurait à chaudes larmes.

— Vous resterez, ma chère Claudine, dit le marquis en s'asseyant à côté de la comtesse et en lui prenant affectueusement les mains, vous resterez avec moi, et nous braverons ensemble le mécontentement de messieurs les colons. Qu'ils viennent m'apporter leurs réclamations ! Je suis de belle humeur à les recevoir, ma foi ! Et s'ils font mine de résister, je les ferai jeter tous par les fenêtres. Laissez-les dire ! Que m'importe, à moi, leur haine et leur jalousie contre vous ! Empêchez Maubrac de partir ; il nous est dévoué, il nous sera utile ; c'est un homme d'énergie et de résolution, de qui nous tirerons bon parti au besoin.

— Avez-vous donc quelque projet? demanda la comtesse.

—Je ne sais pas, moi ; je ferai ce que les événements me commanderont. Mais, en tout cas, je suis bien décidé à ne point donner raison aux colons, et surtout à ne point vous laisser insulter et calomnier par eux. Le complot de ce Fabulé n'est peut-être qu'un prétexte; si cela est d'ailleurs, eh bien ! qu'ils se défendent comme ils pourront ! ... Vous ferez savoir à Maubrac, n'est-ce pas, que je désire qu'il revienne?

L'exaspération où était de la Varenne ne lui permettait pas de mettre grande suite dans son discours. Le ton de sa parole plutôt que sa parole elle-même, et l'énergie de ses gestes, suffirent à convaincre la comtesse de la résolution du marquis à ne la point sacrifier, même dans l'intérêt de son autorité, aux mécontentements des colons. Rassurée sur ce point, elle laissa la Varenne en proie à une extrême agitation, en attendant l'arrivée de la députation.

De la Varenne reçut avec hauteur les colons du Prêcheur ; il prit tout de suite l'offensive contre eux, sans leur laisser le loisir d'exposer leurs plaintes, nia nettement le complot de Fabulé et surtout la participation de madame de Saint-Chamans et de Maubrac, traita les délégués de rebelles en les menaçant de la prison, s'ils osaient persister dans leurs calomnies.

Il y avait parmi eux un octogénaire, de qui la présence aurait dû imposer le respect à la Varenne. Ce vieillard ayant insisté sur son droit de se faire écouter, le marquis ordonna qu'on l'arrêtât. Les colons ayant voulu le couvrir de leurs personnes et de leurs épées, la salle de l'audience fut aussitôt entourée de troupes, et la députation tout entière arrêtée, désarmée et conduite à la geôle.

Madame de Saint-Chamans, cachée dans une pièce voisine, avait assisté à cette scène de violence. Dès que la Varenne se trouva seul, elle ouvrit brusquement la porte et se précipita dans ses bras, en versant des larmes de joie.

— Merci, mon ami, lui dit-elle, vous m'avez réellement prouvé que vous m'aimiez en défendant mon honneur... Oh ! ajouta-t-elle, je ne regrette qu'une chose, c'est que ce M. Du Buc, dont vous m'avez promis la tête si je vous la demandais, ne se soit pas trouvé là...

— N'avez-vous pas entendu ce qu'ils ont dit, ma chère Claudine, que les jeunes et les valides étaient demeurés sous leurs toits, prêts à la défense et à l'attaque... M. d'Autanne, non plus, n'était pas là, et j'aurais voulu l'y voir cependant ! Mais je les retrouverai l'un et l'autre, car je m'attends que l'acte d'autorité que je viens d'accomplir va faire bouillonner dans leurs veines le sang de ces créoles!... Ils m'ont menacé, ils m'ont prédit la guerre, soit ! Eh bien ! je la leur ferai par tous les moyens...

De la Varenne rugissait comme un lion, en portant à chaque instant, et par un mouvement instinctif la main à la garde de son épée.

— Qu'ils essaient, mordieu ! qu'ils essaient ! criait-il, et ils verront ce que je vaux sur un champ de bataille !

De la Varenne, dans la prévision du résultat que devait provoquer l'emportement impolitique auquel il venait de s'abandonner, prit immédiatement ses mesures, et commanda à une compagnie de grenadiers royaux de se tenir prêts à marcher sous ses ordres.

Il ne s'était pas trompé. A peine l'arrestation des députés fut-elle connue, qu'un cri d'indignation s'éleva dans la ville et gagna le Prêcheur, où les colons s'assemblèrent aussitôt chez d'Autanne pour délibérer sur le parti à prendre.

Avant que de rapporter la délibération qui fut arrêtée dans cette réunion, il est bon que nous fassions connaître la conduite de Maubrac pendant les événements qui venaient de s'accomplir.

Maubrac s'était rendu au Prêcheur, où il avait d'intimes amis, des colons paresseux et oisifs comme lui, aventuriers sans feu ni lieu, et prêts à tous les coups de main. Ce bourg du Prêcheur avait été, dès l'origine de la colonie, et avait continué d'être pendant longtemps le refuge de tous les mécontents et le foyer de toutes les émeutes (1). Maubrac avait réuni en une sorte de concile ses amis, gens bien déterminés, d'ailleurs, et à qui la subite fortune du chevalier avait inspiré pour lui une grande considération. Dans cette réunion, où les têtes s'échauffèrent vite, Maubrac avait feint un mécontentement très-grand contre la Varenne, qu'il représenta jaloux de son intimité avec la comtesse, et il avait prétendu que son éloignement de Saint-Pierre était un exil auquel le gouverneur venait de le condamner. Cet exil, qui pouvait être suivi du départ de madame de Saint-Chamans, était donc sa ruine, à lui, et partant celle de ses amis. Il avait entretenu assez grassement les excellentes dispositions de ceux-ci pour qu'ils prissent intérêt à cette déchéance du chevalier.

— Que faut-il que nous fassions ? avaient demandé, tout d'une voix, les compagnons de Maubrac.

— M'aider à renverser le marquis de la Varenne.

Si grave que leur parût une telle proposition, les amis de Maubrac n'y firent aucune opposition ; ils attendirent que le chevalier développât son plan de campagne.

(1) Voir le *Roi des Tropiques*.

Maubrac leur exposa toute sa politique, qui avait consisté à soulever le mécontentement des colons contre le gouverneur, en en appelant à l'intervention de Fabulé; cette circonstance avait entraîné l'incarcération des députés, crime prévu par Maubrac, et qui devait, dans sa pensée, provoquer un soulèvement général, dont il fallait profiter pour assurer le succès de son coup de main.

Toutefois, Maubrac ne confessait à ses complices que la moitié du but véritable qu'il poursuivait; le reste était le secret du voyage mystérieux de madame de Saint-Chamans à la Martinique, secret que la Varenne lui-même avait cherché vainement à percer, et que nous pouvons dévoiler ici.

Les événements que nous avons racontés jusqu'à ce moment avaient tous été complotés à Paris même, entre la comtesse et le président de Lamoignon; ce dernier avait parfaitement résolu la perte de la Varenne, dans un but que nous allons expliquer.

La colonie de la Martinique avait été, dans l'origine, la propriété particulière de la famille du Parquet. A la mort de ce premier gouverneur de la Martinique, le plus illustre des aventuriers du Nouveau-Monde, la Couronne avait repris l'île, moyennant une indemnité payée à ses héritiers.

Les tuteurs des fils de du Parquet avaient accepté ce règlement dans un moment où cette propriété suzeraine paraissait difficile à conserver, au milieu des troubles qui agitaient incessamment la colonie. Mais quelques-uns des membres de la famille avaient vu avec regret cette souveraineté leur échapper, et le président Lamoignon s'était substitué à leurs prétentions.

Devenu puissamment riche à la suite des exactions commises sur les financiers traduits devant la cour de justice, il avait rêvé de reconquérir cet héritage envié, et véritablement enviable. C'était un joyau quasi-royal, qu'il était jaloux d'ajouter aux fleurons de son immense fortune.

Il savait les embarras sérieux que les colonies suscitaient à la métropole. M. de Lamoignon avait pressenti que de nouvelles complications faciliteraient peut-être la réalisation de son rêve ambitieux, et que, de guerre lasse, le régent souscrirait une cession de la Martinique au moyen d'une somme considérable versée dans les coffres de l'État.

Lamoignon avait besoin d'un émissaire habile, à l'abri de tout soupçon, et qui n'agirait que par des moyens couverts. Il fit choix de madame de Saint-Chamans, ou plutôt de madame Dubost, dont le mari nous a, dans sa confidence à Du Buc, révélé tout le passé si riche en ressources et en services que Lamoignon avait pu apprécier.

Il l'avait affublée du titre de comtesse, en lui ordonnant de faire du marquis de la Varenne sa première proie et sa première victime, en le poussant dans cette voie de violence où il n'était que trop disposé à entrer.

Le résultat qu'attendait et espérait Lamoignon était un soulèvement des colons contre la Varenne. Il s'en rapportait à la comtesse pour se garer de la tempête. Celle-ci, à qui le succès faisait entrevoir des horizons splendides, n'avait pas hésité, au risque de sa vie même, à tenter cette dangereuse et difficile partie.

Le choix de Claudine avait été, comme on l'a pu voir jusqu'à présent, très-heureux ; elle semblait merveilleusement douée pour ce rôle, où il fallait autant d'audace que de coquetterie. Seulement, ni elle, ni Lamoignon n'avaient prévu la présence à la Martinique de Dubost, qui avait déjà failli et pouvait encore compromettre le succès, en compliquant et en contrecarrant les plans de la comtesse. Ils pouvaient croire Dubost mort ou tout au moins bien attaché à ses galères. Ils avaient également oublié de compter avec les passions humaines qui dérangent si souvent les plus habiles combinaisons politiques en tous les pays.

Leur point d'appui, le pivot de leur politique à

la Martinique, était l'existence dans la colonie d'un petit-neveu de du Parquet, un bonhomme et pauvre de fortune. S'il était de ceux à qui le royaume des cieux appartient de droit dans l'avenir, il ne montrait nulle prétention à aucun des royaumes, si petit qu'il fût, de ce bas monde. Il avait nom du Parquet de Clermont, et vivait sans ambition et sans souci sur un coin de terre voisin de la splendide habitation où son grand-oncle avait déployé tant de courage et de génie pour la fondation de la colonie.

Il était, d'ailleurs, entouré de tout le respect que son nom illustre inspirait dans l'île entière.

Le but de Lamoignon était d'exploiter cette vénération profonde des colons pour le nom de du Parquet, vénération qui s'est continuée jusqu'à nos jours sur les derniers descendants de cette famille, pour, au moment du soulèvement des colons, faire proclamer ce débris illustre, chef de la Martinique. Ce fait accompli, Lamoignon intervenait, démontrait l'incapacité de Clermont à tenir tête à une si haute position, profitait des embarras que cet événement soulevait en France, et y mettait fin en proposant, comme fondé des pouvoirs des du Parquet, de se charger d'un fardeau trop lourd pour les épaules de son allié.

Maubrac, investi de toute la confiance de sa sœur, avait été mis par elle au courant de ce complot ; mais madame de Saint-Chamans, victime déjà une fois des procédés peu généreux de Lamoignon, habituée à se défier de ses promesses et comprenant à quels dangers elle s'exposait au profit de l'ambition du président, avait résolu de se faire la part du lion dans la conquête de cette roie si ardemment convoitée.

Elle avait cavé sur l'incapacité constatée de Clermont pour, après son avénement, exercer sur ce faible vainqueur un ascendant qui déjouerait tous les calculs de Lamoignon et forcerait, en tout cas, le président à compter avec elle.

On comprend maintenant l'intérêt puissant de madame de Saint-Chamans, à ce que son passé fût ignoré à la Martinique, et à faire disparaître, même par un crime, son mari dont la présence compromettait tous ses plans. Ainsi s'explique également son ardente haine contre Du Buc, dépositaire du terrible secret de sa vie. Il lui importait donc, avant tout, d'enlever au jeune créole la pièce de conviction qu'il tenait en sa possession.

Le caractère de Maubrac se prêtait merveilleusement à de pareilles machinations, contre lesquelles il n'éleva aucun scrupule. En se faisant l'émissaire et le complice de sa sœur dans cette œuvre sombre, il assurait son avenir en ne risquant qu'un passé assez peu honorable pour ne lui inspirer aucun regret.

Quand ses amis du Prêcheur, entièrement disposés à lui prêter aide et assistance, lui eurent demandé ce qu'il comptait faire après la déchéance de la Varenne :

— C'est là mon affaire, leur répondit-il, sur un ton qui ne permettait pas la réplique.

Maubrac savait bien que le nom de du Parquet de Clermont proclamé à l'avance eût inspiré des craintes aux uns, de la défiance aux autres.

— A ton aise, répondirent les aventuriers, nous attendrons tes ordres.

— Mes ordres, leur dit-il, les voici : Au premier cri de colère que les créoles du Prêcheur pousseront contre la Varenne, hurlez, vous autres ; s'ils menacent, prenez les armes ; s'ils portent la main à la garde de leurs épées, que les vôtres soient déjà hors du fourreau ; en un mot, exagérez et dépassez leurs intentions compromettez-les en les entraînant, malgré eux, dans le mouvement. Je vous le répète, le reste me regarde. Surveillez donc bien ce qui se passera chez MM. d'Autanne et Du Buc.

En quittant le Prêcheur, Maubrac, parfaitement rassuré sur l'exécution fidèle de ses ordres, s'était rendu à son ajoupa de la montagne Pelée, où il avait une autre mission à remplir.

IX

Maubrac, debout sur le seuil de son ajoupa, attendait impatiemment l'effet du signal qui avait annoncé à Fabulé son arrivée.

Presque en même temps que le chef des *marrons*, le chevalier vit apparaître, se glissant dans l'ombre, madame de Saint-Chamans. Il fut étrangement surpris de cette visite inattendue. Si grave que fût le visage de la comtesse, que cette expédition nocturne avait vivement impressionnée, Maubrac ne put se défendre de prendre gaiement l'aventure, en face de ses deux hôtes. Il les présenta l'un à l'autre avec le même cérémonial qu'il eût mis à le faire dans un salon, entre deux personnages du même rang.

— J'ai voulu vous voir de près, Fabulé, dit la comtesse avec un sourire qui embarrassa le nègre plus qu'il ne le captiva ; j'ai voulu causer avec vous et vous assurer de ma reconnaissance et de mon amitié.

— Tu entends, compère ! fit de Maubrac en tirant l'oreille au chef. Madame la comtesse te fait là un honneur insigne. Tu peux tout oser, tout promettre, et faire tout ce que tu promettras.

— C'est dit, maîtresse, répliqua Fabulé en s'adressant à madame de Saint-Chamans.

— Avez-vous d'autres projets que ceux dont nous étions convenus ? demanda Maubrac qui, devant Fabulé, se tint sur la réserve, de façon à ne point trahir le secret de sa parenté.

— Le plan que nous avions arrêté n'empêchera pas l'exécution de celui que j'ai conçu depuis, reprit madame de Saint-Chamans. Mais les bambous de votre ajoupa ont des oreilles, Maubrac, vous le savez : faites ou faites faire bonne garde à l'entour.

— Ne craignez rien, maîtresse, interrompit Fabulé, j'ai posté quatre nègres en faction. Macandal, cette fois, n'entendra rien de ce que nous dirons.

— Tu es homme de précaution, compère. Allons, vide un peu de cette bouteille dans ton couï, et à la santé de la comtesse !

Fabulé, après avoir fait le signe de la croix avant de boire, selon l'usage perpétué chez la race noire, avala un couï d'eau-de-vie, ration équivalente à un plein bol.

— Nous étions convenus, n'est-ce pas, Maubrac, que Fabulé profiterait du tumulte qu'occasionnera l'insurrection des colons contre M. de la Varenne, pour provoquer parmi les esclaves un mouvement à l'aide duquel il se jettera, torche et couteau en main, sur l'habitation Du Buc, et enlèvera le prisonnier blanc. Vous voyez que je tiens à posséder cet homme, Fabulé ; car je vous autorise à ne reculer devant aucun crime pour l'arracher de son cachot et l'emmener à votre camp. Je vous dirai plus tard le sort que je lui réserve.

— Tu as entendu, compère ?

— Parfaitement, maître.

— Mais, reprit Maubrac, si par hasard, en suite des révélations de Macandal, Du Buc avait fait disparaître le prisonnier ? Lucinde ne t'a rien dit à ce sujet ?

— Rien ; elle ignore sans doute si ces messieurs ont pris un tel parti.

— J'ai prévu ce cas, fit la comtesse ; voilà pourquoi j'ai modifié ou complété notre projet primitif. Êtes-vous homme, Fabulé, à mener de front deux entreprises, à frapper deux coups à la fois ?

— J'ai deux cents nègres sous mes ordres, répondit Fabulé. J'en puis mettre cent d'un côté, cent de l'autre ; moi au milieu, un bras et un œil à droite, l'autre bras et l'autre œil à gauche, et pourvu que les soldats du gouverneur ne m'arrêtent pas en route, je me crois capable de tout oser, de tout entreprendre, de réussir à tout.

— Bravo, compère ! — Achevez, comtesse.

— Eh bien ! il s'agit d'égaliser la partie entre MM. Du Buc, d'Autanne et moi ; il faut que l'enjeu soit le même. Si le prisonnier blanc n'est plus chez M. Du Buc, faisons de notre côté un prisonnier, ce qui nous permettra de traiter ensuite de pair. Pouvez-vous donc, Fabulé, enlever mademoiselle d'Autanne, et me la garder avec tous les respects qui conviennent à une femme de sa condition ? Ce sera un otage précieux. Je la rendrai à M. Du Buc en échange de Dubost. Expliquez tout cela d'une manière précise à Fabulé, mon cher Maubrac.

— J'ai bien compris, maîtresse, soyez tranquille.

— Il me semble même, fit Maubrac, qu'il serait plus simple et plus sûr d'enlever mademoiselle Antillia et de fouiller en même temps la case de M. Du Buc ; vous en serez quitte pour rendre votre prisonnière si nous trouvons l'homme que nous cherchons.

— A merveille. Vous suivrez exactement ces instructions, Fabulé.

— Vos ordres seront exécutés fidèlement, maîtresse.

— Si vous vous faisiez aider par Lucinde pour cet enlèvement ? quelques indications de sa part en faciliteraient peut-être l'accomplissement.

Fabulé secoua la tête en signe de refus.

— Non, non, dit-il, cette fille a trop aimé se maîtres. Si un accès de remords la prenait, nous serions perdus. J'ai plus de confiance en moi seul qu'en personne.

— Faites comme vous l'entendrez. Je me charge de votre absolution, Fabulé, après cette campagne.

— Merci, maîtresse.

Fabulé siffla alors les quatre nègres qui composaient son escorte : ils se présentèrent à la porte de l'ajoupa.

— Regardez bien cette dame, leur dit-il ; c'est le bon Dieu qui l'a envoyée dans ce pays pour le bonheur des nègres. Si jamais elle a besoin de vous et que je ne sois pas là pour vous commander, faites tout ce qu'elle vous dira ; obéissez-lui comme à moi-même. Quant à celui-là, ajouta Fabulé en désignant Maubrac, vous savez qu'il est depuis longtemps notre compère.

Les quatre nègres, imitant leur chef, se prosternèrent à genoux devant madame de Saint-Chamans.

Quand ils furent partis :

— Te voilà général en chef des *marrons*, ma chère Claudine, fit Maubrac ; cela peut servir, on ne sait ce qui arrive...

Madame de Saint-Chamans quitta l'ajoupa de Maubrac avant le jour. Elle retrouva, à moitié chemin, sa chaise à porteurs attelée de quatre nègres, qui la ramenèrent à Saint-Pierre.

L'agitation soufflée par les amis de Maubrac avait fait de rapides progrès parmi les gens de leur espèce. Ils n'avaient pas manqué de rencontrer de vives sympathies chez les mécontents et les turbulents qui foisonnaient en ce temps-là à la Martinique. On ne parlait de rien moins que d'une prise d'armes, et le nom de du Parquet de Clermont, comme chef de cette petite révolution, fut mis habilement en circulation, selon les ordres laissés par Maubrac à deux ou trois de ses amis les plus sûrs.

Clermont, épouvanté de cette manifestation qui venait troubler sa vie calme et exempte d'ambition, s'était enfermé dans sa maison, bien résolu à ne point se montrer. Quant aux colons, si décidés qu'ils fussent à défendre leur indépendance outragée, ils se défièrent de cet excès de zèle de la part d'un tas d'aventuriers à qui la sainteté de leur cause était étrangère. Parfaitement rassurés sur les sentiments et sur l'inertie de Clermont, ils songèrent tout d'abord à réduire au silence les amis de Maubrac et à se débarrasser d'eux.

Mais la Varenne avait été informé du mouvement insurrectionnel ; déjà sur ses gardes, il se mit en marche pour le Prêcheur, et y arriva au moment où les premiers cris tumultueux se faisaient entendre. Le nom de Clermont ayant frappé son oreille, et sachant l'influence que ce nom, sinon le personnage qui le portait, exerçait sur l'esprit des colons, il ordonna l'arrestation de ce malheureux. Vainement Clermont essaya-t-il de protester de son innocence, la Varenne le fit placer sous bonne escorte et conduire à Saint-Pierre.

Cette mesure énergique et l'immobilité des colons devant leur manifestation intimidèrent les partisans de Maubrac. Deux ou trois d'entre eux ayant été également arrêtés, ils craignirent que la partie ne fût perdue avant même que d'avoir été engagée. Ils se dispersèrent d'abord ; mais la honte d'une défaite si prompte rendit le cœur aux plus audacieux qui se réunirent bien décidés à entamer une lutte sérieuse.

Le souvenir des libéralités de Maubrac et des engagements récemment pris envers lui enflamma leur courage. Étonnés de l'indifférence des colons, ils pensèrent que le moyen d'échauffer leur enthousiasme était d'enlever du Parquet des mains de l'escorte chargée de le conduire à Saint-Pierre. Ils ne doutaient pas que l'outrage fait au descendant de l'illustre chef n'entraînât les créoles à le venger.

Ce groupe d'aventuriers hardis prit donc le chemin de Saint-Pierre, rencontra l'escorte de du Parquet, à laquelle ils livrèrent un vif combat.

L'écho de la mousqueterie vint jeter l'alarme au Prêcheur et parmi les colons et chez de la Varenne.

Les aventuriers furent promptement mis en déroute ; on en apporta la nouvelle au Prêcheur, en annonçant que l'escorte avait continué sa route sur Saint-Pierre.

Les colons, en apprenant l'arrestation de l'innocent du Parquet, qu'ils avaient ignorée, virent dans ce fait un attentat à leur dignité. Ils se réunirent aussitôt chez Du Buc. En entendant le bruit du combat, et craignant que l'affaire ne tournât de façon à compromettre leur situation, ils résolurent de prendre l'offensive vis-à-vis de la Varenne et d'accepter l'alliance qu'ils avaient d'abord repoussée, avec les créatures de Maubrac. Ils firent donc sommer le gouverneur d'avoir à mettre du Parquet en liberté.

La Varenne, outré de cette résistance, expédia immédiatement à Saint-Pierre l'ordre de faire fusiller sans retard le prisonnier, et, en même temps, il se dirigea vers l'habitation de Du Buc, résolu de l'arrêter sachant qu'il était, avec M. d'Autanne, l'instigateur de ce mouvement.

La Varenne traversa d'abord l'habitation d'Henri avant de se rendre chez Du Buc. Il entra un instant dans la case du créole, abandonnée, alors, à la garde d'Antillia et du vieux chevalier impotent, qui jurait de colère de demeurer cloué dans son fauteuil, en un moment où il fallait tirer l'épée. Antillia apparut sur le seuil de la porte, et fit à son hôte les honneurs d'une hospitalité mêlée de gêne, mais où la grâce et l'esprit ne manquèrent pas.

La Varenne, qui s'était déjà enthousiasmé d'Antillia dans une première entrevue à Saint-Pierre, demeura, cette fois, comme ébloui de la beauté de la jeune créole. Il s'éloigna tout pensif, méditant un projet qui devait, dans sa pensée, mettre fin à cette lutte où étaient compromises son autorité et son influence. Il aborda donc la maison de Du Buc transformée, moitié en forteresse, moitié en salle de conseil, non plus en chef irrité, mais en parlementaire.

Il laissa son escorte au bas de la savane et s'avança seul jusqu'au seuil de la case. D'Autanne et Du Buc vinrent à sa rencontre, en lui montrant le respect qu'on doit à un chef représentant du pouvoir royal.

— Messieurs, dit la Varenne en mettant pied à terre, le temps presse, les circonstances où nous nous trouvons sont graves : hâtons-nous d'arrêter ce déplorable conflit.

— Allons au but, soit ! répondit d'Autanne.

— Tel est mon plus vif désir, messieurs. Retirons-nous en quelque endroit où nous puissions causer tous trois.

D'Autanne, Du Buc et le marquis s'enfermèrent dans une pièce de l'habitation.

— Voyons, messieurs, leur demanda la Varenne, à quoi prétendez-vous?

— Nous ne sommes pas les agresseurs, dit Henri; c'est donc nous qui vous demanderons une explication, monsieur le marquis. Une bande d'aventuriers, sous un prétexte que nous ignorons, et qui certes est étranger à la cause que nous voulons défendre, nous autres, contre vos attentats et vos abus, — une bande d'aventuriers, dis-je, provoque un soulèvement à la suite duquel vous arrêtez brutalement et faites conduire prisonnier à Saint-Pierre M. du Parquet de Clermont...

— C'est vrai, messieurs, interrompit la Varenne.

— Vous avez oublié, monsieur le marquis, de quel respect, nous autres créoles, entourons ce descendant de l'illustre fondateur de cette colonie, et vous ignorez que M. du Parquet de Clermont est incapable de prétendre au rôle ambitieux dont vous l'accusez. Vous nous avez froissés dans notre religion des souvenirs, et vous avez commis une nouvelle injustice, un nouvel acte de despotisme à ajouter à toutes vos injustices et à tous vos abus de pouvoir. Rendez d'abord la liberté à M. du Parquet, et nous traiterons ensuite.

De la Varenne se rappela, à ce moment, l'ordre qu'il avait donné de faire fusiller Clermont. Il se leva, ouvrit la fenêtre, fit signe à un des hommes de son escorte, et lui commanda de se rendre immédiatement à Saint-Pierre, avec mission de suspendre l'exécution du prisonnier.

— Vous voyez, messieurs, ajouta-t-il en s'adressant aux deux créoles, que je me montre accessible à vos réclamations. Je comprends le respect et l'intérêt que vous inspire M. du Parquet de Clermont.

— Nous vous remercions, monsieur le marquis, de cet acte de condescendance.

— Maintenant, reprit la Varenne après un instant d'hésitation, il est un moyen plus simple et plus facile de nous entendre et d'arrêter, sans plus d'effusion de sang, cette révolte naissante.

— Nous vous écoutons, monsieur, parlez.

— Vous vous plaignez de mes injustices, de mes abus de pouvoir, de mon despotisme. Je ne veux pas examiner si vos griefs sont fondés. Ce que je reconnais c'est qu'il y a mésintelligence, antipathie entre nous. Peut-être cela provient-il de ce que nous ne nous comprenons pas bien.

— Où voulez-vous en venir? demanda Henri.

— Monsieur d'Autanne, reprit le gouverneur, rapprochons-nous les uns des autres par d'autres liens que ceux de l'intérêt public.

— J'ignore ce que vous voulez dire.

— Vous avez une sœur, monsieur, jeune, charmante, chez qui l'esprit le dispute à la grâce et à la beauté.

— Après ?

— Faites-moi l'honneur de m'accorder sa main. Ce mariage que j'ambitionne de toute la force de mon désir, sera le lien désormais sacré qui fera que votre cause sera la mienne.

Henri se leva, et d'une voix pleine de calme et de dignité :

— Monsieur le marquis, dit-il au gouverneur, mademoiselle d'Autanne n'est point faite pour aider vos projets. Ma sœur est fiancée à son cousin M. Du Buc, et lors même qu'ils consentiraient l'un et l'autre, ce dont je doute, à rompre leurs engagements, je vous avoue encore que je vous refuserais la main de ma sœur.

— C'est une insulte, monsieur ! s'écria la Varenne pâle de colère.

— Non, monsieur ; c'est une réponse à la demande que vous m'avez faite. Je n'ai point foi en votre tendresse pour ce pays et j'ai confiance dans l'affection de M. Du Buc pour Antillia. Vous manqueriez dans huit jours à vos promesses et vous me forceriez, moi, à tirer peut-être l'épée contre le mari de ma sœur... Et d'ailleurs...

— Et d'ailleurs, interrompit brusquement Du

Buc, il y a un moyen plus simple encore de nous réconcilier, puisque telle est votre intention. Vous êtes, monsieur, au pouvoir d'une femme qui a soufflé cette révolte, après vous avoir conseillé vos plus détestables actions, dans l'unique but de se soustraire à la vérité, que je vais faire éclater. Cette femme...

— Monsieur, interrompit la Varenne avec vivacité, je voudrais arrêter sur vos lèvres une accusation passionnée peut-être et qui est sur le point de devenir une calomnie. Puisque vous n'ignorez pas l'affection qui me lie à madame de Saint-Chamans, mais que je suis prêt à sacrifier à un désir de mon cœur et à un acte de bonne politique, puisque vous n'ignorez pas cette affection, dis-je, vous me reconnaîtrez bien le droit de mettre madame de Saint-Chamans à l'abri d'injurieux soupçons.

— Allons donc, monsieur le marquis ! Ou bien ne soyez pas généreux au delà des limites permises, ou bien permettez-nous de vous éclairer. Cette femme, dont vous faites étalage, est une aventurière. Elle n'est point comtesse de Saint-Chamans ; elle se nomme madame Dubost, et son mari est en mon pouvoir depuis le lendemain de votre arrivée en cette île. Cette femme le sait, et c'est afin de faire enlever Dubost qu'elle a appelé à son aide une bande d'esclaves *marrons* pour soulever les nègres de mon habitation.

— Où sont les preuves de ce que vous dites là, monsieur? montrez-moi cet homme, que je l'interroge.

— Vous l'entendrez, monsieur le marquis, lorsqu'il en sera temps. Dubost n'est plus ici ; vous pourrez faire fouiller toute mon habitation, vous ne trouverez pas ce témoin que je garde en lieu sûr, pour le produire au jour de la justice, et alors que j'aurai reçu de Paris les renseignements que j'y ai demandés.

La Varenne avait écouté, avec une extrême avidité, les confidences de Du Buc.

— Je comprends maintenant, se dit-il après un moment de réflexion, la cause de la haine de madame de Saint-Chamans contre M. Du Buc.

Le marquis se promenait à grands pas dans la pièce où ils étaient tous trois enfermés. Il s'arrêta tout à coup ; un sourire plissa sa lèvre, et il murmura, en fixant sur Du Buc un regard de triomphe :

— Je tirerai parti de cette confidence... à ma manière et dans mon intérêt.

Puis il continua sur un ton de bienveillance :

— Vous venez de me révéler des choses d'une extrême gravité. Sans chercher à me rendre compte, dès ce moment, du but que peut avoir madame de Saint-Chamans à jouer un tel rôle, il y a dans sa conduite un mystère que je dois éclaircir. Vous mettez, messieurs, comme chefs de ce mouvement insurrectionnel, — et la Varenne insista sur cette phrase compromettante pour les deux jeunes créoles, — vous mettez à votre soumission et à la pacification de la colonie des conditions que je suis prêt à exécuter loyalement. M. du Parquet et vos délégués seront rendus à la liberté, et madame de Saint-Chamans sera l'objet d'une active surveillance. Puis-je, en retour, compter sur votre parole, messieurs ?

— Ni M. Du Buc, ni moi, répliqua Henri en tendant franchement la main au gouverneur, nous n'acceptons le titre de chefs de révoltés ; mais, nous pouvons vous l'affirmer, dès que vous aurez tenu vos promesses, nous emploierons toute notre influence à faire rentrer les colons dans l'ordre.

— A merveille, messieurs ; aussi comprendrez-vous aisément le désir que j'éprouve de me rendre promptement à Saint-Pierre.

Les deux créoles et le gouverneur allaient se séparer, après avoir échangé sinon de cordiales, du moins de politiques poignées de main, lorsque de grands cris de détresse se firent entendre au bout de la savane. Henri ouvrit la croisée et aperçut Lucinde, qui s'élança vers lui.

— Maître ! maître ! disait-elle, un horrible malheur !...

Ce fut tout ce que put dire la jeune négresse,

qui indiqua par un geste que la parole lui manquait, et en même temps elle porta la main à son col pour faire comprendre la nature du crime qu'elle venait raconter ; puis elle s'évanouit aux pieds d'Henri, qui ne trouva plus à ses côtés que Du Buc. Un nuage de poussière tourbillonnant à deux cents pas plus loin, leur annonça que le marquis de la Varenne était parti avec ses officiers.

Voici la scène à laquelle Lucinde avait assisté ou dont elle avait pu du moins constater le sanglant dénoûment.

X

Au moment où éclatait au Prêcheur le mouvement insurrectionnel dont nous venons de voir l'avortement, Fabulé était descendu de la montagne Pelée, à la tête d'une trentaine de ses nègres, se dirigeant au pas de course sur l'habitation d'Autanne.

Suivant les indications fournies par deux espions caraïbes qu'il avait dépêchés en avant, il savait ne devoir rencontrer aucune résistance à ses projets. Fabulé arriva sur les lisières de l'habitation, quelques instants à peine après le départ de la Varenne ; il put même apercevoir encore resplendir la dorure des habits du gouverneur et des officiers qui l'accompagnaient.

L'instant était on ne peut plus propice à l'accomplissement du crime que le chef *marron* avait mission d'exécuter. Tous les esclaves, moitié par terreur, moitié par une vague espérance qu'ils n'osaient s'avouer, avaient fui l'habitation ; les uns s'étaient enfermés dans leurs cases, les autres épiaient l'issue de l'insurrection qui se tramait dans leur voisinage. Les domestiques de la maison, attirés par la curiosité, avaient suivi en courant, le groupe brillant des officiers. Antillia, debout sur le seuil de la porte, admirait aussi ces éclaboussures d'or, que le galop des chevaux faisait jaillir des épaulettes et des habits.

Fabulé fondit comme un tigre sur la case, en poussant des cris épouvantables. Antillia, pâle de terreur, rentra brusquement, et se réfugia instinctivement aux côtés du vieux chevalier, son père.

— Qu'as-tu, mon enfant? demanda M. d'Autanne.

— N'entendez-vous pas ces cris, mon père? répondit la jeune fille en entourant de ses bras le cou du vieillard, à qui elle faisait en même temps un rempart de son corps.

— Des cris terribles en effet ! Et depuis quand y a-t-il des chacals dans ce pays?

M. d'Autanne voulut se lever de son fauteuil ; mais l'étreinte où le retenait sa fille le fit retomber assis, pâle et rugissant de colère.

— Au secours ! au secours ! cria Antillia au moment où Fabulé franchit le seuil de la porte. La figure hideuse du nègre la glaça d'horreur.

— Allons, mademoiselle, dit Fabulé en brandissant son *bangala* qu'il tenait à la main, vous êtes prisonnière.

— Prisonnière de qui ? demanda Antillia.

— De moi Fabulé, capitaine des esclaves *marrons*.

— Misérable insolent ! hurla le chevalier d'Autanne, sors d'ici !

Le nègre fit un pas en avant. M. d'Autanne, comme s'il eût retrouvé tout à coup ses forces qui, seules, l'avaient abandonné, et non point son énergie ni son courage, se leva, et écartant Antillia vivement, il saisit d'un bras rajeuni son épée, qu'il n'avait jamais souffert qu'on éloignât de lui.

— Sors d'ici, misérable ! répéta-t-il à Fabulé et en faisant un mouvement pour s'élancer sur le nègre, sors, ou je te tue comme un chien.

— Pauvre vieux *béké* (pauvre vieux blanc) ! fit le nègre en haussant les épaules de pitié. Et sans paraître s'inquiéter des impuissantes menaces du chevalier, Fabulé marcha vers Antillia, qui se réfugia derrière son père.

L'épée menaçante du vieillard gardait la jeune fille, et cette épée était tenue d'une main si résolue et si habile encore, malgré sa faiblesse, que Fabulé se laissa intimider un instant. L'attitude ferme et énergique du chevalier, sa haute stature, son regard de feu, les glorieuses cicatrices de son visage et de sa poitrine nue exercèrent une sorte de fascination sur le nègre.

Ce n'était pas de la peur qu'il éprouvait, c'était cette terreur tenant du prestige que les blancs ont toujours imposée aux nègres. Fabulé eut un éblouissement. S'il se fût trouvé seul en face de ce vieillard qui se dressait devant lui comme le fantôme du courage, je ne sais pas s'il n'eût pas pris la fuite. Mais ses compagnons étaient là, les regards fixés sur lui; il leur devait cet exemple de ne pas paraître trembler devant un vieillard. Fabulé passa la main sur ses yeux, comme pour rompre l'espèce d'influence magnétique qu'il subissait.

Il frappa de son *bangala* l'épée du chevalier, qui ne parut pas broncher.

— Tonnerre! hurla le nègre, à qui le sang de la colère monta au visage.

— Courage, mon père! dit la jeune fille exaltée par l'émotion de cette scène.

Fabulé s'avança de nouveau; et en même temps qu'il se jetait sur le vieillard en brandissant son arme, il allongea les deux mains pour saisir Antillia. Si habilement brutal que fût ce mouvement décisif, puisqu'il renversa le chevalier sur son fauteuil, l'épaule de Fabulé rencontra la pointe de l'épée. Il sentit le froid de l'arme entrer dans ses chairs, et le sang jaillit. Cette blessure légère exaspéra le nègre; il recula de deux pas et saisissant son *bangala* des deux mains, il en asséna un coup terrible sur la tête du vieillard, qui poussa un rugissement et roula sur le sol, le crâne fendu.

Un chœur infernal de cris et de rires salua ce triomphe de Fabulé, qui crut sa victoire assurée. Mais Antillia, couverte du sang de son père, avait ramassé l'épée tombée de ses mains; et sans bien savoir, la pauvre enfant, l'usage qu'elle en pourrait faire, elle l'opposa aux attaques du bandit. On eût dit que ce vieux sang de soldat dont elle était inondée, avait passé dans ses veines.

Inhabile à se servir de cette lourde et vaillante épée, qu'en toute autre circonstance sa main délicate n'eût pas même pu soulever, elle s'adossa à la muraille, menaçante comme une lionne et résolue à vendre chèrement sa vie plutôt que de laisser sa liberté à ce nègre insolent.

Fabulé commença par sourire et par hausser les épaules, en voyant l'attitude d'Antillia, et il crut qu'il suffisait de vouloir pour réduire cette jeune fille.

Il ne put cependant se défendre d'un mouvement d'admiration pour cette bravoure inattendue.

— Bon *béké*, murmura-t-il, fait toujours de braves enfants.

Cette sentence, l'équivalent de notre proverbe : « Bon sang ne peut mentir, » une fois dite, Fabulé, pour qui le temps pressait, résolut d'en finir avec ce long et sanglant drame, dont le dénoûment lui était confié. Il s'avança hardiment sur Antillia, espérant l'intimider : mais la jeune créole arrêta par une pointe les premiers pas du nègre.

Fabulé brandit dans sa main cette même arme qui avait, tout à l'heure, terrassé le vieillard.

Se rappelant qu'il n'avait pas l'ordre d'user de violence à l'égard de la jeune fille, il abattit son *bangala* sur l'épée qui vacillait entre les doigts d'Antillia, sans pourtant que celle-ci l'abandonnât.

Un des compagnons de Fabulé, voulant aider son chef, et profitant du moment où la pointe de l'épée que tenait Antillia était abaissée, se rua sur la jeune fille pour s'emparer d'elle. Antillia, qui vit ce mouvement, releva son arme et la présenta au nègre ; celui-ci reçut le coup en pleine poitrine.

Effrayée tout à coup au spectacle de cet homme

agonisant et se roulant dans les douleurs de la mort, Antillia porta la main à ses yeux en poussant un cri.

Fabulé saisit alors la créole par les deux bras pour l'entraîner. Mais elle sentit renaître toute son énergie ; se dégageant par des efforts désespérés de l'étreinte robuste de l'esclave, et renversée sur le sol, elle s'accrocha à tous les meubles, à tous les objets que rencontraient ses doigts crispés ; un moment, ce furent les vêtements de son père, dont elle emporta des lambeaux. Enfin elle enlaça entre ses bras, comme une suprême planche de salut, le cadavre du nègre qu'elle avait tué, et avec une telle vigueur, que Fabulé désespéra de pouvoir l'en arracher sans briser ses membres. Il jugea prudent, pour en finir plus promptement, d'emporter, liés ensemble dans un hideux accouplement, le cadavre du nègre et la jeune fille. Fabulé chargea sur ses épaules sa double proie et s'enfuit.

Lucinde était arrivée à la case de son maître, cinq minutes à peine après le départ de Fabulé. Elle fut prise d'éblouissement à la vue du corps du vieux chevalier et au miroitement du sang qui inondait le plancher.

Elle appela à grands cris sa maîtresse, parcourut la maison déserte, qu'elle remplit de ses lamentations et constata, les preuves ne manquaient pas, que l'assassinat du chevalier d'Autanne n'était pas le seul crime commis. Les traces de cette lutte énergique, désespérée que nous avons racontée, étaient là ; Antillia avait été la victime d'une infâme lâcheté ; elle avait été évidemment enlevée : — par qui ?

Les idées se pressèrent d'abord confuses dans la tête de Lucinde ; mais elle se souvint tout à coup de cet amour pour Antillia qu'elle avait surpris dans les regards de Macandal. Il n'y eut plus de doute dans sa pensée : Macandal était l'auteur du crime.

Malheureusement, l'unique preuve qui eût pu convaincre Lucinde de son erreur, avait disparu. Fabulé, en emportant avec lui le cadavre du nègre, que la jeune négresse aurait reconnu pour appartenir à sa bande, avait enlevé la seule preuve qui pût le faire soupçonner.

Lucinde, éperdue alors, à moitié folle, prit en courant le chemin de l'habitation Du Buc, où nous l'avons vue arriver haletante et s'évanouir aux pieds d'Henri.

Quand elle eut repris connaissance, elle rendit compte de l'horrible spectacle qui avait frappé ses yeux, en communiquant à Henri les motifs qui la portaient à accuser Macandal d'être l'auteur de ce lâche assassinat et de cet enlèvement odieux.

Autant, sinon plus, que l'assassinat de son père,

l'épouvantable révélation que Lucinde fit à Henri de l'amour de Macandal pour Antillia, souleva l'indignation du jeune créole. De retour sur son habitation, où tous les habitants du Prêcheur l'avaient accompagné, il releva le cadavre du chevalier qu'il tint pressé contre son cœur en le couvrant de baisers.

— O mon père, murmura-t-il avec des sanglots dans la voix, mon père, je te vengerai! Je savais bien, ajouta-t-il en ramassant l'épée dont la lame était rouge de sang, je savais bien qu'il n'avait pas attendu la mort assis dans son fauteuil de souffrance! Voyez cette épée, si noblement portée jusqu'à ce que ce bras défaillant ait été vaincu par l'âge et les maladies, elle s'est encore une fois plongée dans le sang de ces misérables. Mais si elle a été impuissante à défendre sa vie et la liberté de ma sœur, elle sera formidable entre mes mains pour punir le lâche.

Henri coucha sa tête sur l'épaule du cadavre, et couvrit de larmes et de baisers ce noble visage sur lequel s'était conservée toute l'énergie qui l'animait au moment où l'assassin avait frappé le coup de la mort.

— Messieurs, reprit Henri en se redressant tout à coup calme et ferme, il faut que j'oublie ma douleur pour songer à un autre devoir, et vous m'aiderez bien certainement à l'accomplir. Marchons sur le camp de Macandal, exterminons jusqu'au dernier cette bande d'infâmes brigands. Cette fois au moins, et devant un pareil attentat, le marquis de la Varenne, j'espère, ne prêtera plus son appui aux esclaves *marrons*; il nous donnera les secours et les troupes nécessaires pour cette campagne.

Quand Henri et Du Buc se trouvèrent seuls, Lucinde s'approcha d'eux en tremblant, et se jetant aux genoux de son maître, dont elle pressa avec effusion les mains qu'elle couvrit de larmes :

— Oh! pardon, maître, dit-elle; je suis bien coupable de ne vous avoir pas prévenu de cet amour de Macandal pour mademoiselle Antillia; mais quand j'ai surpris ce secret, je ne savais pas bien de qui je devais me venger de Macandal ou de Mademoiselle. J'avais des nuages dans le cerveau, et ce n'est que ce matin que le soleil a lui dans mon cœur. Je veux racheter ma faute en vous rendant un grand service.

— Quel service ? parle.

— Quand j'eus révélé à Fabulé la confidence que Macandal vous avait faite, Fabulé jura que le mulâtre périrait de sa main. Oh! je l'y aurais aidé de bien bon cœur dans ma jalousie; mais ce matin j'ai surpris au camp de Fabulé un plan de révolte où il s'agissait de l'extermination des blancs. Votre nom a été prononcé, je me suis souvenue alors de vos bontés pour moi, je me suis souvenue de mon excellente maîtresse, et je me suis enfuie pour vous avertir.

Henri écoutait Lucinde avec une extrême attention.

— Où veux-tu en venir ? lui demanda-t-il.

— Je vous ai dit, maître, que Macandal n'avait pas de plus grand ennemi que Fabulé. Vous allez entreprendre contre ce mulâtre une expédition où les blancs ne réussiront jamais. Je connais maintenant les chemins qu'il faut traverser pour arriver au lieu où les *marrons* se sont fortifiés, vous n'y atteindrez pas. Eh bien ! moi, je vais aller retrouver Fabulé, je lui promettrai de votre part tout ce que vous voudrez que je lui promette, pour que ce soit lui qui attaque Macandal, et délivre de ses mains mademoiselle Antillia.

Henri réfléchit un instant, se concerta avec Du Buc, et dit à Lucinde :

— Va, agis comme ton dévouement t'inspirera, et si tu fais prendre Macandal, tu auras ta liberté pour récompense.

Lucinde embrassa les mains d'Henri, se releva toute fière et toute rayonnante de la mission qui venait de lui être confiée, et partit en hâte pour le camp de Fabulé.

— Attendrons-nous, demanda Du Buc, le succès de la tentative de Lucinde ? Ou bien nous mettrons-nous en campagne avec nos propres forces et avec les secours que le gouverneur ne pourra pas nous refuser? Ne craignez-vous rien pour notre pauvre Antillia.

— A coup sûr, mon cher Du Buc, répondit Henri, si je n'écoutais que les commandements de ma tendresse, je volerais, seul au besoin, à travers obstacles et dangers, au secours d'Antillia ; mais laissons agir Lucinde. Les nègres possèdent, vous le savez, des ressources puissantes et cachées ; et puis en considérant les abîmes dont nous sommes entourés, je suis tenté de ne pas croire aux événements qui se sont accomplis ici, ou plutôt je crois qu'ils se sont accomplis différemment et dans un but autre que celui dont parle cette négresse. Il n'y a de vrai et de cruellement positif que l'horrible assassinat de mon malheureux père. Tenez, mon cher ami, continua Henri après un court moment de réflexion, nous ferons bien d'être prêts à des événements graves qui réclameront notre présence ici ; car il soufflera du côté de Saint-Pierre un vent qui nous apportera plus de tempêtes que celui qui viendra du côté de la montagne Pelée.

— Vous avez raison, Henri, répondit Du Buc en serrant affectueusement les mains de son cousin ; j'ai, comme vous, de sinistres pressentiments.

Les faits que nous venons de raconter et ceux

que nous allons dire, s'étaient passés simultanément à Saint-Pierre et au Prêcheur.

L'arrestation de Clermont, son arrivée à la prison de la ville et le bruit de sa condamnation à mort, avaient produit une impression de stupeur dans la population. Quand la nouvelle en parvint jusqu'à madame de Saint-Chamans, celle-ci ne put retenir un cri de désespoir, qui s'échappa de son cœur. Elle se sentait perdue, elle voyait s'écrouler tout l'échafaudage de ses ambitieux calculs.

Et Maubrac n'était pas là pour soutenir son courage défaillant et pour l'aider de ses conseils !

La comtesse avait jusqu'alors joué son rôle avec une habileté toute machiavélique. Elle avait su conquérir sur l'esprit de la Varenne une influence considérable ; elle avait fatalement encouragé le marquis dans cette voie de despotisme et de taquinerie qui avait excité la haine des colons ; elle avait, enfin, ménagé progressivement l'heure où devait éclater cette révolte dont nous avons exposé le but. On se souvient qu'il s'agissait pour elle, et sans paraître y prendre part, de renverser la Varenne et de faire proclamer Clermont gouverneur. On se rappelle également, sans doute, quels étaient les projets de madame de Saint-Chamans, et pour le compte de qui elle agissait de la sorte.

On s'explique ainsi le trouble que l'arrestation de Clermont, le naïf instrument de cette politique tortueuse, dut produire dans l'esprit de madame de Saint-Chamans. Tous ses plans étaient renversés d'un coup ; il y allait même de sa propre vie, car elle redoutait qu'un retard dans le succès ne donnât à Du Buc le temps de recevoir de Paris les renseignements qu'il n'avait pas dû manquer d'y demander, — par suite des confidences de Dubost.

La comtesse croyait n'avoir plus qu'un parti à prendre — la fuite ! Sa pensée se reporta tout de suite sur ce Fabulé qu'elle avait trouvé si docile et si reconnaissant pour elle dans leur rencontre. Fabulé, à coup sûr, ne lui refuserait pas l'hospitalité qu'elle irait lui demander. Tous les autres événements qui étaient la conséquence de son alliance avec le chef des *marrons :* l'enlèvement d'Antillia, la recherche de son mari, sa vengeance contre Du Buc, elle avait tout oublié dans la préoccupation de son propre salut.

Folle de terreur, elle s'apprêtait à sortir pour gagner l'ajoupa de Maubrac, lorsque celui-ci entra avec son calme et son imperturbable aplomb habituels.

— Qn'est-ce donc, Claudine? demanda-t-il à sa sœur, et où vas-tu ainsi comme une effarée ?

— Ne sais-tu rien de ce qui se passe?..

— Je sais tout, chère sœur.

— Le coup est manqué, dit la comtesse d'un ton désespéré.

— Il n'est qu'ajourné, et nous trouverons bien moyen de recommencer l'entreprise et d'en accélérer le succès.

— Mais Clermont...

La comtesse fut interrompue par un hourra de vivats formidable qui éclatèrent sur tous les tons dans les rues de la ville.

Ces manifestations étaient provoquées par la nouvelle de la mise en liberté de Clermont, que les colons portaient en triomphe par les rues au cri de « Vive du Parquet ! »

Le cortége défila sous les croisées de Claudine. Cachée derrière les jalousies, elle le regarda passer. Un éclair de joie jaillit de sa prunelle.

— Crois-tu, lui dit Maubrac, que cette frénésie pour ton du Parquet ne soit pas d'un bon augure ? Avec ce nom-là, attaché à un pareil homme, nous pourrons, quand nous voudrons, soulever la colonie entière.

— C'est vrai, murmura la comtesse, en qui la confiance venait de renaître.

Maubrac continua :

— Le côté grave de la situation est que la paix paraît être signée entre la Varenne et les colons.

— A quelles conditions ? demanda vivement la comtesse.

— C'est ce que j'ignore encore, mais je le saurai bientôt. En tout cas, cette paix ne peut être de longue durée. Les colons ont trop haï la Varenne pour s'éprendre d'une tendresse sincère. Quant à lui, il est trop habitué, maintenant, à faire tout ce qu'il faut pour mériter cette haine. Le plus pressé est de négocier avec d'Autanne et Du Buc, l'échange des prisonniers; car il importe que nous nous débarrassions au plus tôt de ton mari.

— Antillia est bien entre les mains de Fabulé ?

— Parfaitement ; seulement ce sauvage a commis un atroce et horrible crime qui a exaspéré davantage les colons. Il a assassiné le vieux chevalier d'Autanne. Heureusement les créoles, par une complication d'incidents divers dont je n'ai pas très-bien saisi les fils, sont convaincus que l'auteur du crime et de l'enlèvement est Macandal. C'est contre lui qu'ils vont diriger une battue pour laquelle ils viennent demander des secours à la Varenne. Cette erreur favorisera singulièrement nos projets. Pendant que l'expédition s'égarera dans les sentiers perdus de la montagne Pelée, à la poursuite de Macandal, nous proposerons l'échange des otages ; les blancs auront eu le temps de perdre assez de monde pour ne pas demander mieux que de négocier. Une fois ton mari disparu de la scène...

La comtesse n'écoutait plus Maubrac. La tête penchée sur sa poitrine, le regard fixé à terre, elle semblait poursuivre une pensée confuse encore.

Les pas de la Varenne se firent entendre sur l'escalier ; la comtesse se leva vivement.

—Viens me retrouver dans un instant, dit-elle à son frère.

Maubrac sortit au moment où le marquis entra.

XI

Un double motif amenait la Varenne auprès de madame de Saint-Chamans. Il avait été frappé de l'enthousiasme excité par Clermont, et cette promenade triomphante à travers la ville lui inspirait de sérieuses inquiétudes. Pendant que Maubrac et la comtesse se réjouissaient des sympathies dont Clermont était l'objet, la Varenne méditait sur l'influence que le nom vénéré des du Parquet exerçait sur les colons.

— C'est là, se disait-il, un homme véritablement dangereux. Incapable de tirer parti à son avantage de cette sympathie qui tient de la dévotion, il est à ménager, cependant, de peur qu'on ne se serve de lui... à moins qu'il ne soit plus prudent de le faire disparaître.

D'une autre part, la préoccupation dominante de la Varenne était de se débarrasser d'un rival dont la présence entravait ses projets sur mademoiselle d'Autanne. Il s'était rappelé la haine de la comtesse contre Du Buc, haine inexplicable d'abord pour lui, et dont il tenait le secret. Il se sentait entre les mains un puissant ressort à faire jouer.

— Eh bien! ma chère Claudine, dit le marquis en souriant avec hypocrisie, nous venons de gagner une grosse partie. Ah! mes pressentiments et mes antipathies n'étaient pas si mal fondés, comme vous voyez. Ces colons sont des rebelles insensés et des gens dangereux qu'il faut mener l'épée haute.

— Et vous savez tenir la vôtre d'un bras assez ferme, mon cher marquis, pour n'avoir plus rien à craindre désormais.

— Oui, la paix est signée, mais une paix dont je me défie. Les causes de mésintelligence ont disparu en apparence; le complot pour le soulèvement des esclaves de Du Buc est évanoui; j'oublie, je pardonne tout, et je rends la liberté à Clermont du Parquet.

— Vous avez bien fait; ce M. de Clermont est peu dangereux, en somme.

— C'est vrai, reprit la Varenne, mais ces damnés créoles se sont réservé des prétextes pour recommencer au premier caprice d'une tête un peu chaude.

— Expliquez-vous.

De la Varenne était visiblement embarrassé. Il

venait jouer devant la comtesse une comédie d'astuce dont le dénoûment pouvait être terrible, et où allait s'engager une lutte de passions. Or, la diplomatie n'était pas précisément le fait du marquis ; il hésita donc un instant, puis prenant une résolution soudaine, il embrassa la comtesse avec une apparente effusion.

— Savez-vous, ma chère Claudine, lui dit-il sur un ton d'insouciance, à qui messieurs les colons font remonter la responsabilité de tous les troubles qui agitent la colonie, de tous les mécontentements qui grondent autour de moi, de toute la haine enfin que je leur inspire et dont ils ne font pas mystère ?

— Non, ma foi !

— Devinez...

— Mon Dieu ! mon cher la Varenne, puisque vous savez, vous, et que j'ignore, moi, ne m'interrogez pas, et expliquez-vous, répondit la comtesse avec une impatience où paraissait de l'inquiétude.

— Eh bien, Claudine, c'est sur vous que pèse une si lourde responsabilité.

— Sur moi ! murmura la comtesse en frissonnant de la tête aux pieds.

Et en même temps elle pâlit.

— Que vous importe cela ? dit de la Varenne avec un accent qui jouait à la fois le mépris et l'expression du plus tendre et du plus aveugle amour.

— Je veux savoir tout, commanda madame de Saint-Chamans.

De la Varenne lui rapporta alors, mot pour mot, les révélations de Du Buc. La comtesse, qui entendait pour la seconde fois ces terribles confidences, où son existence entière était compromise, lança à de la Varenne un regard de lionne qui pénétra jusqu'au fond de sa pensée.

— A quoi bon ces larmes et cette colère, ma chère Claudine? reprit le marquis sur un ton patelin, ai-je besoin de vous dire que je ne crois pas un seul mot de ces abominables accusations où il entre autant de jalousie contre vous que contre moi? Elles ont glissé sur mon cœur. Allez, vous êtes et vous resterez pour moi ce que vous avez été, dès le premier jour que j'ai eu le bonheur de vous connaître.

— Qui vous a conté cette fable infâme? demanda la comtesse.

— Quelqu'un que déjà vous haïssiez, et je comprends aujourd'hui votre haine.

— J'aurais de la peine à nommer quelqu'un, car je hais également tous ces créoles.

— Le coupable est M. Du Buc, répondit la Varenne.

— Ah! c'est M. Du Buc! Vous avez été bien bon de l'écouter jusqu'au bout, sans le souffleter comme un lâche, ainsi que vous auriez dû faire si vous eussiez eu pour moi la moitié de l'estime et de l'affection que vous dites.

— Voyons, ma chère Claudine, faut-il vous répéter que je n'ai pas ajouté foi à cette calomnie ; pas plus, vous le pensez bien, que je ne suivrai le conseil qu'il m'a donné à ce propos.

— Vraiment! Ah! il a pris la peine de vous donner un conseil ! Et quel est-il, ce conseil?

— M. Du Buc a ajouté que le calme renaîtra dans la colonie, et que les colons et moi vivrons en bonne intelligence, dès que je me serai séparé de vous...

— Ah! je suis en cause à ce point... Et vous avez décidé que je partirais, n'est-ce pas?

— Qui vous dit cela? Au contraire; mon intention formelle, et je serai inébranlable, est de vous faire respecter, Claudine, et de montrer par mon attachement à vous le prix que je mets à votre présence ici.

— Eh bien ! soit, s'écria la comtesse, je partirai, je quitterai ce pays, je vous rendrai à l'amour de vos colons.

— Vous êtes folle, en vérité, Claudine !

—Mais, continua celle-ci sans paraître entendre le marquis, avant de m'éloigner, je me vengerai de ce M. Du Buc !...

Le visage de la Varenne s'illumina de joie. Ces derniers mots, prononcés par la comtesse avec l'accent de la rage la plus violente, lui assuraient le succès auquel il avait visé.

— Vous ne quitterez pas la colonie, ma chère Claudine, répliqua la Varenne; à aucun prix je n'y consentirai... Quant à votre vengeance contre M. Du Buc,... c'est votre affaire.

La comtesse leva vivement la tête et regarda le marquis en face.

— Quoique la chose n'en vaille véritablement pas la peine, reprit celui-ci, un peu embarrassé de ce regard tout de feu. Ce sont là, continua-t-il, de ces calomnies auxquelles sont journellement en butte toutes les femmes, dans cette société-ci, aussi bien que dans le vieux monde.

— Ainsi, murmura la comtesse, vous me conseillez de me venger?

— Je vous répète que le crime de M. Du Buc ne mérite, à mon avis, que le mépris.

— Mais vous me laisserez agir, du moins?

— Cela vous regarde.

— C'est bien! fit madame de Saint-Chamans. Oh! il me payera cher cette infamie!

La Varenne n'avait joué encore que la moitié de sa comédie. Le premier triomphe qu'il venait de remporter était facile; le moyen, pour y arriver, brutal et grossier, mais infaillible. En aiguisant la haine de madame de Saint-Chamans contre Du Buc, il poussait inévitablement celle-ci dans la voie d'un crime dont le résultat devait le délivrer d'un rival importun dans son amour pour Antillia.

Mais ce n'était pas tout encore ; de la Varenne avait un ennemi que sa popularité lui rendait redoutable; cet ennemi, c'était du Parquet. En autorisant la vengeance de Claudine, il comptait en retour sur sa reconnaissance et sur son appui pour anéantir son compétiteur. Il s'autorisa du témoignage d'intérêt qu'il venait de donner à Claudine pour exiger d'elle une preuve de dévouement.

La Varenne laissa un moment la comtesse sous le poids de la révélation qu'il lui avait faite, et savourant sa vengeance, qui devait être d'autant plus implacable que l'outrage avait été plus grand. Quand il jugea que le fiel s'était bien distillé dans le cœur de la comtesse, il s'approcha d'elle, et lui pressant les mains avec tendresse :

— Vous me disiez tout à l'heure, ma chère Claudine, que du Parquet était un homme peu dangereux...

— En effet, répondit celle-ci un peu distraite.

— J'en conviens aussi, reprit le marquis ; mais il n'en est pas moins vrai que les manifestations enthousiastes dont il a été l'objet ce matin, cachent une menace au fond et me donnent fort à réfléchir. Mon autorité et ma personne même peuvent être compromises... Or, ma chère Claudine, vous avez besoin que mon pouvoir demeure inébranlable; vous avez une vengeance légitime à exercer, et...

— Où voulez-vous en venir? demanda vivement la comtesse.

— Je voudrais un piége où faire tomber du Parquet. Trouvez donc un prétexte pour me débarrasser de lui à tout jamais.

Ce projet n'était point du goût de madame de Saint-Chamans. Elle avait trop besoin de Clermont pour le laisser exposer aux vengeances de la Varenne, encore moins pour y aider.

— Que vous importe, dit-elle au marquis, qu'il y ait des menaces dans les sympathies qu'excite M. Clermont du Parquet? Voyons, ce malheureux a-t-il les épaules assez larges pour porter le fardeau du rôle que vous vous imaginez qu'on voudrait lui faire jouer?

— D'accord, fit la Varenne; mais cet homme m'importune avec la popularité de son nom. Je voudrais éviter de le renverser, par un moyen brutal et par trop évident, du piédestal où les colons l'ont élevé. Trouvez donc, imaginez, ma chère Claudine, un piége où je puisse le prendre... Nous y avons intérêt, vous et moi.

Un éclair traversa l'esprit de madame de Saint-Chamans. Le marquis venait de lui mettre entre les mains l'arme la plus puissante qui pût servir sa politique et ses projets d'avenir. Sauver Clermont en paraissant le sacrifier aux rancunes et aux terreurs de la Varenne, lui sembla être le nœud de cette comédie qu'elle avait entrepris de mener à bonne fin. Elle dissimula sa joie et prit le ton le plus indifférent pour demander à la Varenne :

— Est-ce bien sérieusement que vous parlez ainsi ?

— Très-sérieusement.

— Eh bien ! puisque vous y tenez à ce point, je vous débarrasserai de Clermont.

— Comment vous y prendrez-vous ?

— Ah ! vous me laisserez bien au moins le temps de tracer mon plan et de le mûrir ?

— A votre aise, chère amie.

La Varenne était tout fier en croyant avoir pris la comtesse au piége qu'il lui avait tendu. Il dissimula sous une effusion exagérée de reconnaissance, l'immense joie qu'il éprouvait. Du Buc et de Clermont, ses deux compétiteurs, ses deux rivaux en pouvoir et en amour, disparaissaient du même coup. La même main les frappait, l'un par une vengeance adroitement attisée, l'autre en suite d'un dévouement facilement acheté.

Ce double crime s'accomplissait à son profit, sans qu'il eût rien risqué de sa personne et de son caractère. La responsabilité tout entière en pèserait, dans ses calculs, sur madame de Saint-Chamans, qu'il était tout prêt, au besoin, à sacrifier à la vindicte créole, en paraissant de la sorte satisfaire à la plus vulgaire justice.

La Varenne, ignorant à quelle cause était due cette popularité soudaine et inquiétante de Clermont, ne pouvait pas soupçonner qu'en organisant contre lui un complot, d'accord avec madame de Saint-Chamans, il tombait dans un piége ourdi par la comtesse elle-même.

En se levant pour se retirer, heureux et satisfait de sa combinaison machiavélique, la Varenne pressa la main de Claudine.

— Ainsi, lui dit-il, c'est bien entendu; vous me débarrasserez de Clermont du Parquet?

— Service pour service, répliqua la comtesse. Vous me livrez ou vous me laissez prendre Du Buc.

— Le pacte est signé, ma toute belle; dévouement pour dévouement. Votre sort n'est-il pas lié au mien, votre fortune n'est-elle pas attachée à la mienne?

— A propos, fit la comtesse, si vous commenciez par désigner Du Buc pour faire partie de l'expédition contre Macandal.... Vous comprenez...

— Vous avez raison, parbleu!

A peine de la Varenne fut-il sorti que madame de Saint-Chamans poussa un rugissement de hyène à la vue d'une proie dont elle est sûre.

— Ah! dit-elle en se promenant avec agitation dans la chambre, à nous deux maintenant. M. Du Buc et M. de la Varenne! Je vous tiens en mon pouvoir.

Claudine se laissa tomber sur un siége. Ses yeux clos à demi semblaient regarder en elle plutôt que s'arrêter sur aucun objet extérieur; ses dents serrées coupaient sa lèvre inférieure, sans qu'elle parût sensible à la douleur de cette blessure; son front, plissé par une contraction nerveuse, était à moitié caché dans ses deux mains dont les doigts tourmentaient ses cheveux épars. Les coudes appuyés sur ses genoux, le dos voûté, Claudine se présentait de profil à la porte.

Elle n'entendit pas entrer son frère, de qui l'épée et les éperons sonnaient sur le plancher de l'appartement. Maubrac demeura un instant sur le seuil, comme s'il eût voulu respecter le recueillement de Claudine; mais voyant l'immobilité de sa sœur et le désordre de sa toilette, il s'avança vers elle avec vivacité, et la prenant par le bras :

— Claudine, lui dit-il, que t'arrive-t-il?

— Ah! te voilà! s'écria madame de Saint-Chamans en se dressant subitement. Tu viens à propos, sur mon âme!

Elle présenta à Maubrac un visage décomposé par la pâleur. Rejetant en arrière, et des deux mains à la fois son épaisse chevelure qui lui voilait le front, d'une voix brève, elle dit à son frère :

— Assieds-toi là et écoute.

Maubrac se laissa tomber plutôt qu'il ne se posa sur le siége que lui désignait Claudine. Il était effrayé et ému de l'état où il la voyait.

— Nous sommes perdus, lui dit-elle d'un ton saccadé et tranchant, ou bien nous touchons tout à fait au terme de nos rêves et de notre ambition ! Un pas nous sépare d'un abîme honteux ou d'un triomphe éclatant. Je suis sous le coup de l'opprobre le plus affreux, ou je tiens la victoire dans mes mains.

L'émotion rendait la voix de Claudine à peine intelligible. Elle s'arrêta et essuya la sueur qui inondait son visage. Maubrac attendit, n'osant prononcer une parole.

— Nous avons, reprit la comtesse après un moment de silence et de recueillement, nous avons deux choses à faire, deux crimes à commettre : il me faut ton bras, ton épée, ton intelligence.

— De quelle espèce d'entreprise s'agit-il ? demanda Maubrac simplement et avec l'assurance d'un matamore de carrefour.

— Il s'agit, répondit la comtesse en lançant ses paroles avec une volubilité étrange, d'enlever Clermont, de qui la liberté, peut-être même la vie, est menacée et de le mettre en lieu sûr.

— Bien.

— Puis de tuer Du Buc dans les vingt-quatre heures, soit en duel, cela te regarde, soit en le faisant assassiner au besoin. Choisis le plus facile et le plus prompt des deux moyens.

Maubrac froissa sa moustache entre ses doigts, se leva, fit le tour de la chambre, puis revint s'asseoir aux côtés de sa sœur.

— Je ne refuse rien de ce que tu me demandes, dit-il avec un calme parfait; mais, avant de répondre oui, j'ai besoin de mieux comprendre.

Claudine regarda son frère sournoisement. Elle commençait à douter de tout le monde, et elle n'avait pu se défendre d'un soupçon même à l'endroit de Maubrac.

— Tu veux faire enlever du Parquet, reprit celui-ci, et dans quel but?

— Parce que la Varenne n'a pu entendre sans crainte les manifestations de sympathie dont Clermont a été l'objet. Il a peur, te dis-je. Si nous ne faisons pas disparaître ce malheureux, il est perdu; nos projets sont détruits, ma mission ici est manquée. Comprends-tu bien, à présent? Et d'ailleurs, je suis allée au-devant des désirs de la Varenne, je lui ai promis de le débarrasser de ce rival importun; il a servi nos projets sans s'en douter.

— Très-bien, répliqua Maubrac; mais par qui faire enlever du Parquet ?

— Ce soin te regarde, toi et tes amis. Ce que je veux, ce qu'il faut nécessairement, c'est que Clermont échappe aux terreurs de la Varenne, lesquelles se peuvent, à la moindre émotion, changer en une colère malfaisante.

— Du Parquet sera mis à l'abri, je t'en réponds. Il n'est pas nécessaire de l'enlever, il suffira de le veiller comme un trésor ; mes amis feront bonne garde autour de lui.

— Soit; mais qu'ils le veillent bien !

— Fie-toi à moi; mais ce que je m'explique moins, c'est ta résolution à l'endroit de Du Buc.

— Je veux qu'il meure ! Tu ne sais donc pas qu'il a révélé à la Varenne tous les renseignements qu'il tenait de mon mari ? C'est mon ennemi le plus acharné et le plus dangereux. La Varenne a feint, vis-à-vis de moi, de n'avoir ajouté aucune foi à ses confidences, mais il y croit sans aucun doute; et si le pouvoir que j'ai sur lui s'affaiblit, je suis perdue. Délaissée aujourd'hui, demain je serai expulsée de la colonie.

— Je vois, ma bonne sœur, reprit Maubrac, que tu ne sais pas tout ce qui se passe. Si tu as trompé la Varenne, en paraissant le servir par l'enlèvement de Clermont, la Varenne t'a tendu un piége en excitant ta haine contre Du Buc ; prends garde de tomber dans ce piége. A l'heure qu'il est, Du Buc est, au contraire, ta planche de salut.

— Je ne comprends pas, fit Claudine en se rapprochant vivement de son frère.

— Oui, la Varenne t'a tendu un piége, continua Maubrac. Que Du Buc ait fait confidence de la confession de Dubost, ce n'est pas douteux ; mais la Varenne, en te la rapportant, n'a eu d'autre dessein que de te pousser à le délivrer d'un rival redoutable.

— D'un rival ? demanda Claudine stupéfaite. De quel rival veux-tu parler?

— Ne sais-tu pas que la Varenne est amoureux d'Antillia ? Il a demandé sa main, comme un gage de la paix et de l'étroite alliance qu'il veut faire avec les colons. Mais Antillia est fiancée à Du Buc ; ils s'aiment d'une vive passion, Henri d'Autanne a repoussé la demande de la Varenne. Celui-ci n'a plus qu'un moyen d'arriver à la réalisation de son rêve, c'est de se débarrasser de Du Buc. Il a compté certainement sur ta vengeance pour lui rendre ce service.

— Oh ! c'est abominable ! s'écria Claudine. Et que faut-il donc faire?

— D'abord laisser vivre Du Buc, répliqua Maubrac ; c'est le moyen d'enlever à la Varenne tout espoir de mariage ; partant aucune réconciliation n'est possible entre lui et les colons, et tu conserves, au contraire, ton influence, car Du Buc vivant, la Varenne aura besoin de flatter tes colères et d'attiser ta haine.

— Tu as raison, Maubrac, tu as raison. Mais il ne faut pas nous en tenir là ; c'est une pure position de défensive qui ne suffit plus. Il m'importe d'agir ; cherche, trouve, tu es maître de toi, moi je n'ai plus ma tête.

— Oh ! j'ai combiné mon plan, ma chère Claudine. N'y ai-je pas mon intérêt aussi?

— Voyons, parle.

— Comme tu le disais très-bien tout à l'heure, il faut prendre l'offensive. Tous les événements qui se passent nous en fournissent le moyen. Il faut d'abord tourner contre la Varenne l'arme dont il croit tenir la poignée. Triomphe de ta haine, assoupis ta colère et attire Du Buc dans le piége de tes sourires et de tes grâces. Au lieu d'un ennemi, faisons un allié de lui et flattons les colons.

— Comment nous y prendre?

— Ils croient tous que Macandal est l'auteur de l'assassinat de M. le chevalier d'Autanne et de l'enlèvement d'Antillia. C'est contre ce malheureux que va s'égarer l'expédition à laquelle la Varenne a prêté son concours avec le plus vif empressement. Il faut mander Henri d'Autanne près de toi, le détromper sur le compte de Macandal, lui dire l'auteur véritable du crime, accuser la Varenne d'en être l'instigateur. Son amour subit pour Antillia rendra vraisemblable au moins cette accusation, et tu offriras à Henri de lui rendre sa sœur.

— En échange de Dubost, alors...

— Sans condition d'abord. Le point capital est d'ameuter les colons contre la Varenne. Je me charge de voir Fabulé et de retirer la jeune prisonnière de ses mains.

Claudine sauta au cou de son frère, et l'embrassa avec l'effusion de la gratitude et de l'admiration.

— Va, lui dit-elle, va solliciter de M. d'Autanne l'entrevue dont j'ai besoin. Dis-lui qu'il y va de la vie de sa sœur; de la sienne, que sais-je? Dis-lui tout ce que tu voudras pour le décider, mais amène-le-moi... ou plutôt, non, fit tout à coup Claudine, j'irai moi-même le trouver... demain, car aujourd'hui il serait trop tard.

XII

Fabulé avait transporté Antillia dans son propre *ajoupa*, et lui avait donné les plus grandes marques de respect, tant la supériorité de caste et de peau exerçait de prestige, même sur cette sauvage nature. Antillia, ignorant à l'instigation de qui avait été commis le double crime dont elle avait été le témoin et la victime, l'attribua à une de ces vengeances barbares dont la conscience du nègre était déjà si lourdement chargée.

S'imaginant que sa captivité cachait un sentiment de cupidité, elle promit à Fabulé toutes les récompenses qu'il exigerait et surtout son impunité pour obtenir sa délivrance ; le bandit demeura inflexible. La jeune créole en appela alors à cette énergie virile qui la caractérisait ; les dangers auxquels elle était exposée ne l'épouvantèrent pas. Elle résolut de saisir ou même de faire naître l'occasion de s'évader.

Fabulé, confiant dans l'isolement et dans la position formidable de son repaire, rassuré surtout par l'apparente résignation de la jeune fille, n'avait pris contre elle d'autre précaution que de recommander à deux de ses nègres de veiller sur l'*ajoupa;* leurs têtes répondaient du dépôt qu'ils avaient mission de garder.

En apprenant le retour de Lucinde au camp, Fabulé avait eu soin de l'éloigner de l'*ajoupa* où Antillia était enfermée. Il craignait que son secret ne fût surpris, et que la jeune négresse dans un accès de remords ne s'échappât pour l'aller dénoncer. Sa joie fut grande en apprenant de la bouche de Lucinde les préparatifs que les blancs faisaient contre Macandal, accusé du meurtre du chevalier et du rapt d'Antillia. Fabulé, heureux de rencontrer une si bonne occasion de ruiner son rival et de savoir en même temps qu'il était à l'abri des soupçons, promit tout ce que Lucinde sollicitait de lui. Il fit taire sa haine contre les blancs pour leur prêter aide et protection dans leur difficile et périlleuse entreprise.

Conformément aux instructions que lui avait transmises Lucinde, Fabulé devait, pendant la nuit, se rendre sur l'habitation d'Autanne pour se concerter avec celui-ci et avec Du Buc sur les mesures à prendre pour marcher contre Macandal.

— Veux-tu que je t'accompagne? demanda Lucinde au chef des *marrons*.

Le nègre réfléchit un moment et répondit:

— Oui, certes, tu m'accompagneras.

Fabulé ne se dissimulait pas la gravité de sa situation. Sur le point de se mettre en route, il s'était demandé si la jeune négresse était bien sincère et si ce n'était pas un piége qu'on lui tendait.

Il avait résolu, d'ailleurs, de ne point aller jusqu'à l'habitation, mais de s'arrêter en chemin en quelque lieu où la fuite lui serait facile au cas où le combat se présenterait avec des chances trop inégales. Il enverrait Lucinde prévenir les deux créoles et les attendrait. Il comptait sur la nuit, sur sa connaissance particulière des localités, sur son courage et sur sa force pour échapper aux embuscades.

Fabulé et Lucinde se mirent donc en route, cette dernière frémissant d'impatience, tant sa haine contre Macandal lui donnait d'ardeur.

Vers le milieu de la nuit, pendant que le plus grand calme régnait dans le camp, Antillia se hasarda à se montrer à la porte de l'*ajoupa* qui lui servait de prison. Le nègre de faction était accroupi sur le sol, fumant une longue pipe caraïbe, et fredonnant par intervalles une chanson monotone et lugubre dont la jeune créole écouta avec joie les paroles peu poétiques, mais très-significatives.

Cette chanson, improvisée évidemment, était une sorte d'hymne de remords où le nègre déplorait le meurtre commis le matin et la captivité de la jeune blanche. Il était tellement absorbé dans sa double opération de fumeur et d'improvisateur, qu'il ne s'était pas aperçu de la présence d'Antillia. Celle-ci, après l'avoir examiné attentivement à la clarté splendide des étoiles, crut reconnaître en lui un de ceux qui avaient envahi sa maison et aidé au meurtre de son père.

La jeune fille éprouva un tressaillement d'horreur ; mais le danger de sa situation lui fit surmonter le dégoût qu'elle ressentait et rendit le courage à son cœur défaillant. Elle s'approcha résolûment du nègre et lui frappa sur l'épaule. Celui-ci se dressa subitement sur ses jambes, et fut pris d'un tremblement dans tous ses membres, en apercevant devant lui la jeune créole pâle, immobile, les bras pendants le long de sa robe blanche. Il crut à une véritable apparition.

— Écoute-moi, lui dit Antillia. Tout à l'heure, dans ta chanson, tu regrettais le meurtre odieux commis sur mon père, ainsi que ma captivité.

— C'est vrai, maîtresse, répondit naïvement le nègre ; car c'est moi qui ai donné à votre père le premier coup de *bangala* qui lui a brisé le bras.

— Tais-toi ! s'écria Antillia, qui frémit et cacha son visage dans ses mains.

Le nègre détourna la tête pour essuyer une larme à ses yeux.

— Pardon, maîtresse, dit-il en se mettant à genoux devant la jeune fille.

— Ton remords est-il bien sincère? demanda Antillia.

— Le bon Dieu en est témoin.

— Et tu regrettes de me voir captive ici ?

— Oui, maîtresse. Les nègres *marrons* peuvent bien tuer les blancs, mais ils ne doivent pas faire les blanches prisonnières.

— Voudrais-tu me laisser m'évader ?

Le nègre hésita, regarda autour de lui avec la plus scrupuleuse attention, et répondit en balbutiant :

— Capitaine Fabulé m'a mis là en faction ; je ne puis pas, il me tuerait demain.

— A qui appartenais-tu avant d'être parti *marron*? demanda Antillia.

— J'étais commandeur chez M. de Montfort.

— M. de Montfort est un bon maître.

— C'est vrai.

— Si je te promets d'obtenir ton pardon de lui, si je te promets de t'acheter, ensuite, à M. de Montfort et de te faire une existence douce et heureuse sur l'habitation de mon frère ou de mon mari, me laisseras-tu m'évader ?

Le nègre promena de nouveau ses regards autour de lui et répondit bien bas :

— Maîtresse se perdrait dans les bois.

— Tu m'accompagneras, alors.

Le *marron* frissonna. Il n'avait pas hésité une minute quand il s'était agi de fuir de chez son maître, et il tremblait à la pensée de s'évader de ce camp où il était plus esclave et plus maltraité qu'il ne l'avait été sur l'habitation de M. de Montfort. Était-ce la liberté qu'il regrettait ? Quel usage en faisait-il, et l'avait-il seulement, cette liberté ? Était-ce le meurtre, le pillage, à l'ordre du jour dans cette armée de bandits ? Était-ce cette vie d'aventures et de périls, qui a ses charmes quand on en a goûté l'amertume ? Était-ce enfin ce sentiment de la terreur qu'il inspirait et qui lui donnait une sorte d'orgueil de sa supériorité brutale ? Il y avait un peu de tout cela dans les hésitations du nègre à obéir au sentiment de pitié qui avait agité son cœur dans la solitude et dans la rêverie entre sa pipe et sa chanson.

— Tu ne me réponds pas, fit Antillia. Si tu ne veux pas m'accompagner, si tu refuses tout ce que je t'offre en récompense du service que je réclame de toi, laisse-moi partir seule.

— Seule, non ; j'aurais peur pour maîtresse ; je l'accompagnerai, mais je ne rentrerai pas à l'habitation de M. de Montfort.

— Si tu reviens ici, Fabulé te tuera.

— Je ne reviendrai pas ici, je resterai dans les bois, ou bien j'irai trouver Macandal.

— Soit, répondit Antillia, tu agiras comme tu l'entendras. Si tu t'enrôles avec Macandal, tu peux lui dire que tu viens de ma part, tu seras bien reçu. Si tu te décides à rentrer chez ton maître, rappelle-toi que je n'oublierai jamais le service que tu vas me rendre.

— Je conduirai maîtresse jusqu'à un endroit où elle pourra, ensuite, trouver son chemin toute seule et sans redouter aucun danger.

— C'est bien, partons !

— Attendez, maîtresse, fit tout à coup le nègre au moment où ils allaient partir ; rentrez un instant dans l'*ajoupa*.

Antillia obéit, non pas sans crainte sur ce retard dont elle ne savait pas la cause.

Le nègre promena autour de lui un regard pénétrant, et s'assura que tous ses compagnons dormaient d'un profond sommeil.

Cet examen achevé, il marcha droit à un tronc d'arbre derrière lequel il avait aperçu deux yeux qui flamboyaient comme deux étoiles dans l'obscurité. C'était son camarade de faction qui avait écouté toute sa conversation avec Antillia, et épié tous leurs mouvements. Arrivé à deux pas de l'arbre, le nègre s'élança comme un tigre sur l'espion, le saisit de la main gauche à la gorge avec une force surhumaine, et de la droite il lui asséna sur la tête un coup de son *bangala*. Le malheureux tomba sur le sol sans avoir pu même pousser un cri.

Le nègre s'assura que le bruit de la chute de sa victime n'avait éveillé aucun des *marrons;* puis il revint à l'*ajoupa* et d'une voix que nulle émotion ne trahissait :

— Maîtresse peut venir à présent, dit-il.

Antillia suivit son sauveur silencieusement ; ils passèrent au milieu des marrons endormis pêle-mêle, à la belle étoile comme on dit ; ils traversèrent les sentiers sinueux qui se tordaient autour du campement, gagnèrent les grands bois de la montagne Pelée, où le nègre frayait à la jeune créole un chemin en abattant avec son coutelas les branches des arbres et les touffes de lianes qui formaient, d'espace en espace, de véritables murailles de verdure.

Ils n'échangèrent leurs premières paroles qu'après une heure de marche.

— Qu'étais-tu donc allé faire, demanda Antillia au nègre, quand tu m'as priée de rentrer dans l'*ajoupa*? et quel est ce bruit sourd que j'ai entendu, pareil à celui d'un corps qui tombe sur le sol ?

— C'était un corps, en effet, répondit le nègre, celui de mon camarade de faction qui nous espionnait et eût donné l'éveil s'il eût surpris notre fuite. Je l'ai tué sans qu'il ait eu le temps de pousser un soupir.

Antillia avait, à ce moment-là, sa main appuyée sur le bras du nègre, qui l'aidait à franchir une petite rivière à gué. Elle s'écarta avec une sorte de terreur. Cet homme lui semblait une étrange bête fauve : le sang ne lui coûtait rien à faire couler, et son sort dépendait de ce misérable, qu'un sentiment généreux et désintéressé, cependant, poussait à la sauver.

Le nègre s'arrêta tout à coup au milieu de sa marche.

— Attention, maîtresse, — murmura-t-il à voix basse.

Et il entraîna Antillia dans un épais fourré du bois où ils se blottirent sur un matelas d'herbes grasses, derrière un gros bouquet de raisiniers sauvages.

Le compagnon d'Antillia venait d'entendre, à quelque distance en avant d'eux, un frôlement de pas sur le sol. Ces pas se rapprochaient dans la direction du lieu où étaient blottis les deux fugitifs.

— Cachez-vous bien, maîtresse, dit vivement le nègre en s'adressant à Antillia, c'est capitaine Fabulé lui-même ; il est avec cette petite négresse qui est venue le joindre au camp.

— Quelle négresse ? demanda Antillia.

— Une nommée Lucinde qui vous a appartenu, et qui était la femme de Macandal.

— Lucinde ! s'écria Antillia en écartant les touffes de feuilles.

— Silence, maîtresse, murmura le nègre en forçant la jeune créole à se blottir derrière le buisson.

La présence de Lucinde aux côtés de Fabulé était, en effet, un mystère pour Antillia.

— Expliquez-moi, dit-elle au nègre, comment Lucinde est ici.

— Paix, maîtresse, les voici qui approchent. Si

Fabulé nous entend et nous voit, nous sommes perdus !...

Fabulé, accompagné de Lucinde, n'était plus guère qu'à une trentaine de pas.

Avec cette admirable faculté de l'ouïe dont sont douées les races du Nouveau-Monde, et grâce aussi à la sonorité du lieu, devenue plus éclatante par le calme solennel de la nuit, Fabulé avait saisi le bruit des paroles échangées entre Antillia et son compagnon. Il s'arrêta subitement et interrogea l'espace autour de lui en penchant l'oreille tantôt d'un côté, tantôt de l'autre.

L'entrevue de Fabulé avec d'Autanne et Du Buc avait été couronnée d'un plein succès.

Lucinde, envoyée en messagère, avait ramené les deux jeunes créoles à l'endroit fixé pour le rendez-vous où Fabulé avait attendu ses nouveaux alliés, en s'entourant de toutes les précautions que commandaient la prudence et la défiance. Monté au haut d'un figuier, d'où il dominait les sentiers que devaient suivre les deux colons, tenant son *bangala* d'une main et un long couteau de l'autre, il s'était mis en état de faire une vigoureuse défense, au cas de trahison.

Une demi-heure après son départ, il vit Lucinde revenir accompagnée d'Henri et de Du Buc. Fabulé, du haut de son observatoire, avait pu s'assurer que les deux créoles étaient seuls. Il descendit de l'arbre et alla au-devant d'eux.

L'entrevue ne fut pas longue. Il s'agissait de s'entendre de part et d'autre sur la tactique à suivre pour s'emparer de Macandal, et aussi sur les conditions que Fabulé entendait mettre au service qu'il était supposé rendre aux colons.

Pour lui, le point principal était de ruiner son ennemi et de le livrer à la vengeance des blancs. L'impunité qu'on lui garantissait, l'oubli de tous ses crimes passés, le pardon pour lui et pour tous les esclaves *marrons* de sa bande, assuraient à Fabulé une liberté de manœuvres qui, dans ses calculs, devait, à coup sûr, lui donner le succès.

Peu lui importait, une fois Macandal vaincu, que l'on reconnût l'innocence de celui-ci dans le crime dont on l'accusait. Fabulé savait bien que les colons seuls, fussent-ils aidés de tous les régiments du roi en garnison à la Martinique, ne parviendraient pas à s'emparer du camp de l'un des chefs *marrons*, sans le secours de l'autre. Il fallait donc ou que ce fût Macandal qui, un jour, devînt son bourreau, ou lui le bourreau de Macandal. La veine était pour lui ; il voulait en profiter. Une fois son but atteint, il se sentait maître des bois de l'île ; il n'avait plus rien à craindre.

Fabulé s'engagea à appuyer le mouvement des milices et des troupes, à attaquer le camp de Macandal par des chemins où les blancs n'auraient pas la pensée ni surtout l'audace de s'aventurer ; enfin il jura que le mulâtre serait, avant huit jours, entre les mains des colons.

Henri voulut flatter l'orgueil de Fabulé et le conquérir tout à fait à sa cause. Il lui fit cadeau d'un beau mousquet, et attacha lui-même autour de ses reins une épée, en disant au nègre :

— Tes compagnons t'appellent capitaine; tu ne le seras véritablement qu'en portant ce signe du commandement.

Fabulé, ivre de vanité et de joie, reprit le chemin de la montagne en murmurant :

— Cette épée et ce mousquet m'aideront à vous servir aujourd'hui, mais demain ils tourneront contre vous !

Au moment de se séparer des deux colons, Fabulé dit à Lucinde :

— Toi, tu peux t'en retourner avec ton ancien maître ; je n'ai plus besoin de toi.

Lucinde secoua la tête en signe négatif.

— Ne crains rien de moi, répliqua Henri; ta grâce t'est accordée.

Lucinde répondit d'une voix ferme :

— Non, maître, je ne veux plus revenir à l'habitation.

En même temps elle se rapprocha de Fabulé en

manifestant la résolution bien arrêtée de ne plus se séparer de lui.

— Alors, garde-la pour toi, fit Henri en s'adressant au nègre. Je te donne cette fille.

Fabulé, au lieu de remercier, fronça le sourcil.

— Tu as tort, dit-il à Lucinde, nous allons entrer dans une vie de combats et de dangers ; tu te repentiras de n'avoir pas accepté l'offre de ton maître.

Lucinde se contenta de secouer de nouveau la tête en signe de refus, et elle fit quelques pas en avant, qui témoignaient de son impatience de s'éloigner au plus vite.

— Singulier entêtement ! murmura Henri.

Blancs et nègres se séparèrent définitivement. Fabulé poussa Lucinde dans le sentier où ils se perdirent bientôt au milieu des hautes herbes.

Il ne faut pas attribuer l'obstination de Lucinde à un autre motif que le véritable.

Comme tous les nègres qui ont goûté une fois du marronnage, c'est-à-dire de l'indépendance, Lucinde répugnait à la pensée de venir reprendre son collier d'esclavage, si douce que fût la condition que son maître y mettait. Ce sentiment, profondément enraciné dans le cœur des nègres, explique comment il a été difficile de détruire l'esprit de désertion chez la race noire. La récidive dans le *marronnage* a été constante; on comprend alors que ceux à qui s'offrait cette chance rare de pouvoir persister impunément dans leur délit ne voulussent pas se résoudre à y renoncer.

Et puis au fond de sa pensée Lucinde se réjouissait de l'espérance d'assister au supplice de Macandal. Elle avait aimé le mulâtre passionnément ; mais sa haine contre lui était devenue aussi ardente que son amour avait été profond.

Le mécontentement de Fabulé devant le refus de Lucinde d'accepter sa grâce, si généreusement assurée par Henri d'Autanne, avait une cause très-sérieuse.

Fabulé ne se souciait nullement de ramener la jeune négresse à son camp. Il craignait, ce qui ne pouvait manquer d'arriver, qu'elle ne s'aperçût de la présence d'Antillia et qu'elle ne parvînt à s'échapper pour aller détromper les colons. Il fallait donc à toute force qu'il se débarrassât de Lucinde, devenue entre ses mains, non plus seulement un instrument inutile, mais un instrument dangereux. Il avait espéré que Lucinde, croyant sa tâche accomplie, se déciderait à demeurer avec son maître. Il ne lui restait plus maintenant qu'à la faire disparaître par un crime ; car, à aucun prix, il ne voulait que la jeune négresse reparût à son camp.

Fabulé et Lucinde avaient suivi silencieusement

leur route, jusqu'au moment où ils eurent atteint le lieu où Antillia et son sauveur s'étaient cachés, en les entendant venir.

A ce moment Fabulé, qui s'était repu depuis son départ de l'idée de se débarrasser de Lucinde, et qui combinait le moyen d'y parvenir, cherchait de nouveau à convaincre la jeune négresse dont l'obstination l'exaspérait, et lui inspirait des inquiétudes. L'endroit où ils étaient parvenus était assez éloigné déjà de la limite où finissait la civilisation des colons, où commençait la domination barbare des Caraïbes et des nègres *marrons*.

Fabulé se sentait sur un terrain où le remords n'avait plus de prise sur son cœur. Je ne parle pas des craintes, qu'il n'avait jamais éprouvées, d'en appeler à sa justice expéditive.

— Il est temps encore de te décider, dit-il tout à coup à Lucinde ; veux-tu t'en retourner à l'habitation de ton maître ?... Je t'y engage...

Le ton sur lequel il avait adressé ces dernières paroles à la jeune négresse avait un peu intimidé celle-ci qui, instinctivement, voulut s'écarter du chef. Fabulé la saisit par le bras et levait déjà son *bangala*, lorsque le bruit des voix d'Antillia et de son compagnon de fuite arriva jusqu'à eux.

Fabulé abaissa son arme. Lucinde, qui ne pouvait plus douter des desseins du terrible capitaine de *marrons*, sentit renaître une vague espérance d'échapper au sort qui la menaçait.

— Tais-toi, lui dit Fabulé ; si tu prononces une parole ou si tu pousses un cri, je t'écrase comme un serpent.

La première pensée de Fabulé fut que le piége qu'il avait redouté de rencontrer au rendez-vous donné par d'Autanne et Du Buc, était dressé à cet endroit. Croyant à une trahison, il lui parut plus simple d'aller au-devant du danger et de l'affronter. Il saisit Lucinde par les cheveux et la poussa du côté de la touffe de raisiniers. A mesure que Fabulé approchait, Antillia, obéissant aux instructions de son compagnon, s'éloignait en se traînant à genoux ; tous deux disparaissant tantôt dans les herbes, tantôt derrière des blocs de rochers ou de troncs d'arbres superposés en muraille sur le sol.

Fabulé s'avançait toujours, guidé par le bruit à peine perceptible des feuilles et des branches que les deux fugitifs agitaient malgré leurs précautions. Ils étaient arrivés ainsi à la gueule béante d'un de ces précipices dont le fond est un mystère pour l'œil humain. Le nègre n'osa s'aventurer dans cet abîme ; il s'arrêta un moment hésitant, palpitant de crainte et d'émotion. Il éventra quelques-unes des touffes d'herbes et de branches qui cachaient l'entrée du précipice ; il sonda du pied et du regard l'abîme béant ; son pied rencontra un vide effrayant, son œil ne distingua rien. Seulement il entendit, à des profondeurs qui lui parurent immenses, le murmure d'une rivière ou d'une cascade roulant sur des roches. Chercher son salut dans un pareil mystère, c'est trouver la mort à coup sûr.

A droite du précipice s'ouvrait un chemin sur un espace de cent pas environ : c'était l'unique ressource des fugitifs ; mais en s'y hasardant, ils se montraient à Fabulé et risquaient d'être pris. Il leur fallut bien cependant recourir à cette suprême extrémité.

Sans qu'ils aient pu s'apercevoir des manœuvres du chef, celui-ci n'était plus qu'à quelque distance de leur retraite. Au moment où ils allaient s'élancer dans le chemin découvert dont j'ai parlé, Fabulé, qui tenait toujours Lucinde captive dans ses doigts de fer, se dressa devant eux. Il y eut un mouvement de surprise mêlée d'exclamations de part et d'autre dans cette rencontre soudaine et qui ressemblait à un choc.

Les cris et les quelques paroles qui s'échangèrent simultanément en ce rapide moment d'hésitation, éclairèrent la situation aux yeux de tous.

— Lucinde ! s'écria Antillia, sauve-moi ! sauve-moi ! Va prévenir Macandal !

— Maîtresse, fuyez, pendant que je vais me battre contre Fabulé, avait dit le nègre.

— C'est donc toi qui avais enlevé mademoiselle Antillia ? murmura Lucinde en s'adressant à Fabulé, et elle ajouta : — Pauvre Macandal !

Ce furent ses dernières paroles. Par un effort qui laissa entre les mains de Fabulé une poignée de ses cheveux, Lucinde avait tenté de fuir. Mais avant qu'elle eût fait dix pas, Fabulé l'avait ressaisie, et, d'un coup de *bangala*, l'avait étendue morte à ses pieds.

Antillia, qui entendit le râle de la jeune négresse, poussa un cri de douleur.

Fabulé bondit comme un tigre au-devant des deux fugitifs ; le nègre se jeta entre lui et Antillia, en criant à celle-ci :

— Partez, maîtresse, partez ! Autant que je meure tout seul.

XIII

La lutte entre Fabulé et le nègre avait été assez longue pour laisser à la jeune fille tout le temps nécessaire d'assurer sa fuite. Cette lutte se termina par la mort de son adversaire, que Fabulé parvint à étrangler. Ce second crime, dont il venait de charger sa conscience, déjà si pesamment chargée, lui était nécessaire.

Le point principal était qu'il ne restât personne qui pût aller démentir l'accusation portée contre Macandal, accusation dont lui, Fabulé, devait recueillir tous les fruits.

Le chef *marron* songea ensuite à faire disparaître les corps de ses deux victimes : il traîna le cadavre du nègre, ainsi que celui de Lucinde, jusqu'aux bords du précipice et les y fit rouler l'un après l'autre.

Cette manière d'inhumation accomplie, Fabulé reprit le chemin de son camp pour y faire ses préparatifs d'attaque. Il avait eu soin à l'avance de se mettre en rapport avec les Caraïbes, sur le concours desquels il faisait grand fond.

Grâce au dévouement du malheureux nègre, qui avait si généreusement sacrifié sa vie pour lui donner le temps de fuir, Antillia était parvenue à franchir le chemin découvert et avait gagné les bois, où ses traces pouvaient échapper de nouveau à Fabulé.

Elle marcha toujours avec une énergie que doublaient l'espoir du succès, d'une part, et de l'autre, la crainte de retomber au pouvoir du chef *marron*. Elle se trouva, au point du jour, au plus profond des bois de la montagne Pelée, haletante, épuisée, ignorant la direction à prendre pour regagner son habitation, et craignant maintenant de s'aventurer dans les chemins impraticables où la Providence l'avait conduite saine et sauve pendant les ténèbres de la nuit.

L'affaissement succéda, chez Antillia, à l'énergie des premiers moments. Par quel miracle parviendrait-elle à sortir de la situation désespérée où elle se trouvait réduite?

Antillia s'agenouilla au pied d'un arbre et pria Dieu de la soutenir dans sa faiblesse ou de lui donner l'inspiration à laquelle elle devrait son salut.

Après avoir passé une partie de la journée en prières et en larmes, elle essaya de se frayer un passage à travers ce désert silencieux et terrible, qui était pour elle comme une immense prison.

La fatigue et l'émotion lui avaient enlevé toutes ses forces. La peur paralysait en même temps le reste d'énergie que lui donnait le sentiment du danger extrême auquel elle était exposée. Elle erra pendant quelques heures au milieu de ces grands bois, où les racines gigantesques des arbres formaient des ponts à des abîmes sans fond et à des rivières au lit torrentiel.

Antillia franchissait ces ponts, se plongeait dans des mers d'herbes plantureuses, se jetait dans des sentiers dont les sinuosités mystérieuses la ramenaient souvent au point même d'où elle était partie. Elle ne pouvait se rendre compte de la direction qu'elle prenait. L'épaisse muraille de la forêt lui dérobait la vue de la mer, but vers lequel elle devait marcher, certaine qu'en s'approchant du rivage, elle rencontrerait quelque habitation. Mais à mesure qu'elle s'élevait, la forêt semblait monter; trouvant toujours devant elle ce voile d'impénétrable verdure qui lui cachait l'horizon, et dans l'impossibilité de s'orienter, ne courait-elle pas le risque, en descendant vers la mer, d'aborder à un des carbets où les Caraïbes avaient établi leurs repaires?

Le troisième jour, Antillia se trouvait sur un des versants de la montagne; elle aperçut enfin, par-dessus la cime des arbres, l'horizon d'une mer mugissante. Par moments le bruit formidable des vagues, bruit lointain qui grondait comme un sourd tonnerre, arrivait jusqu'à elle. Ce fut pour la jeune créole l'indice qu'elle se trouvait dans le nord de l'île où la mer a toujours ce caractère de violence; les colons n'y avaient encore fait que des tentatives, plusieurs fois abandonnées, d'établissement.

Cette partie de la Martinique était encore, à cette époque, la propriété disputée des Caraïbes et défendue pied à pied par les débris de la race primitive.

Antillia hésita à se diriger de ce côté. Elle s'assit triste, désespérée, et demandant à la réflexion et à la prière conseil sur le parti à prendre. Quand la nuit fut venue, elle distingua les feux allumés par les Caraïbes le long de la mer.

La pauvre enfant ne savait pas, au milieu des anxiétés qui agitaient son cœur, si elle devait plus se fier aux Caraïbes qu'aux nègres *marrons*, ou si elle devait se laisser aller au hasard de cette fuite à travers les forêts de la montagne Pelée.

Elle prit tout à coup un parti extrême ; elle se leva et marcha droit au carbet des Caraïbes, où elle n'espérait pas cependant pouvoir parvenir avant le lendemain matin ; mais elle surmonta courageusement les fatigues et les dangers de cette course nocturne, dans la pensée que les feux allumés par les Caraïbes lui serviraient au moins de phares pour l'empêcher de s'égarer.

A mesure que les accidents du terrain lui permettaient de découvrir un horizon plus rapproché, elle apercevait, glissant sur la mer, dans la direction du rivage, une foule de petites pirogues dont les feux des torches se confondaient, dans les lames agitées, avec le reflet des étoiles. C'étaient des pirogues de Caraïbes, accourant évidemment à un de ces rendez-vous où ces légions de Sauvages se réunissaient fréquemment pour quelque grand complot contre les colons.

Cette circonstance devait arrêter la résolution de la jeune fille. S'il s'agissait d'une conspiration contre les blancs, c'en était fait d'elle, vraisemblablement ; mais Antillia savait aussi quelle vénération mêlée de terreur les Caraïbes avaient conservée pour le nom de du Parquet, en souvenir du fondateur de la colonie, dont la tradition s'était perpétuée parmi les Sauvages, qui l'avaient surnommé « leur père » en même temps que « le général terrible. »

Antillia se résolut à invoquer ce souvenir, et à faire valoir le sang des du Parquet, qui coulait dans ses veines, pour commander au moins le respect à ces infatigables ennemis des colons. En fin de compte, elle pensa qu'au pis-aller elle deviendrait, entre les mains des Caraïbes, un otage, et que sa rançon pourrait être payée par quelque concession qui éviterait une lutte nouvelle et l'effusion du sang.

Antillia poursuivit donc sa route, et arriva au point du jour au camp des Caraïbes. Elle se fit conduire vers le *boyez*, ou chef, qu'elle reconnut pour l'avoir vu souvent venir en mission auprès des colons. Elle lui raconta la série d'aventures et d'événements auxquels elle devait sa présence au milieu d'eux. Antillia ne se trompa point sur l'influence qu'exerçaient sur les Caraïbes et le nom qu'elle portait et sa parenté avec les du Parquet. La jeune créole fut bien plus surprise encore en apprenant qu'elle était la cause de cette réunion.

Le *boyez* lui confia que c'était sur une invitation de Fabulé qu'ils s'étaient assemblés dans le but de l'arracher des mains de Macandal accusé de l'avoir enlevée ; que le dessein de Fabulé était, après avoir détruit son rival, de tourner ses attaques contre les colons, aidé par les Caraïbes, à qui il avait promis le partage de l'île.

Le récit d'Antillia, qui démasqua la trahison de Fabulé, indigna le *boyez*.

— Ce soir, dit-il à la jeune fille, je te reconduirai chez ton frère ; et au lieu de marcher contre Macandal, nous irons porter nos secours aux colons.

Les Caraïbes, ayant construit une sorte de palanquin dans lequel ils couchèrent Antillia, se mirent en route vers la fin de la journée.

Racontons maintenant les événements qui s'étaient accomplis simultanément avec ceux que l'on vient de lire.

Madame de Saint-Chamans était partie pour son entrevue avec Henri ; elle y avait mis d'autant plus de hâte que Du Buc, ainsi qu'elle l'avait conseillé à la Varenne, avait été désigné pour commander une compagnie dans l'expédition contre Macandal, tandis que d'Autanne avait été placé à la tête des milices du Prêcheur, appelées sous les armes au cas d'une invasion des nègres *marrons*.

La présence de Claudine dans cette maison pleine de deuil, où le sang et les larmes avaient coulé par sa faute, sinon tout à fait par ses ordres, impressionna vivement la comtesse. Il faisait nuit quand elle frappa à la porte d'Henri, qui se tenait assis au fond de la galerie de l'habitation, dans ce même fauteuil où était son père au moment où il fut assassiné.

Henri, le front appuyé dans ses deux mains et les coudes sur une table, réfléchissait sur les lugubres événements qui avaient déchiré sa vie depuis quelques jours ; et en se rappelant ces tristes scènes, il encourageait son cœur aux luttes plus terribles encore qui se préparaient.

Au bruit que fit la porte en tournant sur ses gonds rouillés, Henri leva la tête ; à la lueur vacillante de la lampe, il aperçut, sans les distinguer, les formes immobiles d'une femme.

Il se dressa pâle comme un homme qui, sortant d'un rêve, croit voir l'illusion se continuer. Les bras étendus, il s'écria :

— Antillia ! Antillia ! Est-ce toi ?

L'accent avec lequel Henri poussa ce cri dans lequel il y avait un déchirement sympathique ; l'aspect funèbre de cette longue pièce à peine éclairée, au fond de laquelle se tenait ce jeune homme pâle et en grand deuil, imposèrent à la comtesse. Elle se sentit défaillir et s'appuya contre la porte ; la parole expira sur ses lèvres.

— Répondez donc, dit Henri d'une voix plus forte, qui êtes-vous ?

Il fit quelques pas. Madame de Saint-Chamans rappela son courage et s'avança résolûment au-devant d'Henri :

— Non, dit-elle, sur un ton plus rassuré, je ne suis pas votre sœur ; mais je viens pour vous la rendre.

— Vous ici ! s'écria Henri en levant les deux bras comme s'il eût voulu écraser la comtesse.

Celle-ci, en voyant le geste d'Henri et devinant le trouble qui l'agitait, acheva de reconquérir tout son calme et tout son sang-froid.

— Le temps presse, monsieur, dit-elle, prenez garde que la colère et la douleur ne vous fassent oublier qui je suis, lorsque je viens, au péril de ma vie, vous rendre un signalé service.

Henri ne put se défendre d'être dominé par le ton de dignité et de superbe convenance qu'avait pris madame de Saint-Chamans pour s'exprimer ainsi.

— Parlez, alors, parlez, au nom du ciel !

— M. d'Autanne, on vous a trompé sur l'auteur du double crime qui a jeté un double deuil dans cette maison. Et à cette heure on poursuit, le mousquet et l'épée au poing, un innocent. Ce n'est point Macandal qui a tué votre père, ce n'est point Macandal qui a enlevé votre sœur.

— Qui donc alors ? s'écria Henri en bondissant sur son siége ; qui donc est le coupable ?

— L'homme qui a assassiné votre père, reprit la comtesse, l'homme qui a enlevé votre sœur... c'est Fabulé ! Et celui qui a commandé cet assassinat et ce rapt, par conséquent l'auteur véritable de ce double crime, c'est le marquis de la Varenne!

— Le marquis de la Varenne ! s'écria Henri... Pourquoi ? dans quel but ? C'est impossible !... Mais quel intérêt pouvez-vous donc avoir à inventer cette accusation horrible ?

— Ah ! vous avez oublié, M. d'Autanne, reprit la comtesse sur un ton de perfide insinuation, l'antipathie que vous inspiriez à M. de la Varenne à bord de la frégate ; l'humiliation que votre parole hautaine lui avait infligée ; vous avez oublié, ou plutôt vous ne saviez pas comme je le savais, moi qui ai été sa confidente, la haine qu'il professe pour les colons ?

— Mais cela ne suffit pas, interrompit Henri, pour commettre de telles infamies !

— Vous doutez encore ? Mais ce qui vous convaincra peut-être de la culpabilité et de la complicité du marquis, c'est ce que vous paraissez avoir oublié aussi : l'amour de la Varenne pour votre sœur, et votre refus de lui accorder sa main. Oh ! pour lui, c'était le rêve de son despotisme; obtenir votre alliance par une alliance semblable et faire de vous un complice de ses plans de domination.

Henri écoutait avec attention la comtesse ; il ne combattait plus ses accusations ; déjà il ne doutait plus. Les faits que madame de Saint-Chamans invoquait avaient une apparence de vérité qui ne permettait plus aucune hésitation.

— Oh ! ce n'est pas tout, reprit Claudine, qui se sentait victorieuse ; M. de la Varenne n'a pas vu d'autre cause à votre refus que l'affection qui lie Antillia à M. Du Buc. Qu'a-t-il fait ? Il a désigné M. Du Buc, le seul des officiers de milice à qui cet honneur ait été réservé, pour marcher contre Macandal dans cette expédition dont le but est de détourner l'attention des colons. N'est-il pas évident que M. de la Varenne a espéré de voir M. Du Buc succomber dans cette campagne ? Qui sait même si...

— Assez ! fit Henri, sans laisser la comtesse achever sa pensée. Je devine, et sur mon âme, ce serait abominable !...

— C'est pourtant vrai, ajouta madame de Saint-Chamans avec une conviction qui pénétra jusqu'au fond de l'âme d'Henri et en chassa le dernier fantôme du doute. Le dessein de M. de la Varenne est assez facile à comprendre. Que veut-il ? Paraître arracher mademoiselle d'Autanne à des dangers qu'elle n'aura pas courus ; et Du Buc mort, assassiné peut-être, prétendre à obtenir la main de votre sœur en récompense d'un service imaginaire.

Il y avait dans tous ces faits, habilement présentés par madame de Saint-Chamans, et avec une apparence de vérité saisissante, tous les éléments d'une accusation écrasante contre la Varenne.

Henri se promenait dans la longue galerie de sa maison, en proie à une vive agitation ; madame de Saint-Chamans suivait tous ses mouvements, avec curiosité et avec intérêt en même temps. Le jeune créole revint s'asseoir brusquement, et fixa sur la comtesse un regard dont celle-ci comprit toute la signification.

— Oh ! fit-elle, vous êtes étonné de ma conduite, M. d'Autanne, et vous cherchez à percer le motif qui me fait agir de la sorte ?

— C'est vrai, madame ; j'ai lieu, en effet, d'être étonné que vous me donniez cette preuve d'un dévouement si complet, à moi que vous haïssez, à M. Du Buc contre qui vous avez soif de vengeance, à tous les colons enfin qui sont vos ennemis...

— Ah ! s'écria la comtesse avec un désespoir indigné, pour haïr M. de la Varenne plus que je ne vous haïssais, vous, et M. Du Buc, et tous les colons, n'est-ce donc pas assez que le marquis se soit épris pour votre sœur d'une passion qui est ma déchéance, ma ruine, ma mort peut-être ? Oh ! oui, je le hais aujourd'hui, cet homme, jusqu'à vouloir me venger ! Vous n'avez pas besoin d'analyser et de raisonner ma jalousie, puisque vous avez repoussé et condamné cet amour du marquis. Aidez-moi donc dans ma vengeance, en vous faisant rendre justice.

Un dernier doute restait à Henri, ou plutôt un dernier point inexpliqué encore : c'était la conduite de Lucinde. Madame de Saint-Chamans l'attribua à une complicité dans un crime évidemment préparé de longue main.

L'accusation de la négresse contre Macandal, son attachement subit à Fabulé, au point de refuser le pardon qui lui avait été offert, pouvaient être aisément invoqués comme autant de preuves à l'appui de cette interprétation donnée par la comtesse à la conduite de la négresse.

— Monsieur, dit madame de Saint-Chamans en feignant de se lever pour partir, je n'ai plus qu'une dernière et solennelle parole à vous dire. Je rendrai Antillia à votre tendresse, demain, peut-être ce soir, au plus tôt enfin. Fabulé m'est tout dévoué, et au besoin j'userai de ruse à son égard pour arriver à mon but; j'en fais le serment.

— Merci, madame, mais M. de la Varenne paiera cher cette insulte faite à ma famille !

— Pensez-vous encore que je vous trompe, que je vous tende un piége, monsieur d'Autanne ?

Henri offrit sa main à madame de Saint-Chamans qui comprit, au tremblement de cette main, qu'elle avait conquis le jeune créole par la reconnaissance.

— Maintenant, dit Henri avec émotion, j'ai foi en vous, madame; mais, reprit-il, ne mettez-vous pas quelque condition au service que vous me rendez? Quelle que soit cette condition, et du moment que vous aurez rendu Antillia à mon affection, je tiendrai l'engagement que je prends à mon tour vis-à-vis de vous.

Le moment était solennel pour madame de Saint-Chamans, elle domina son émotion et d'une voix ferme :

— Oui, monsieur d'Autanne, service pour service, soit ! Et vous ne me refuserez pas celui que je vais réclamer de vous. Il y a un homme qui m'a insultée, qui m'a calomniée, calomniée, entendez-vous ? et que ma justice recherche pour lui faire expier sa lâcheté. Cet homme est en votre pouvoir et au pouvoir de M. Du Buc, il faut me le livrer.

Henri avait pâli et s'était levé avec un désespoir marqué.

— Hésitez-vous donc ? demanda la comtesse.

— Non, madame, ma parole est engagée, quand bien même la reconnaissance ne me ferait pas un devoir de vous rendre Dubost ; mais...

— Quoi donc ? fit Claudine en tremblant.

— Dubost est entre les mains de Macandal.

— Entre les mains de Macandal ! répéta machinalement la comtesse... Tout est donc perdu !

Elle tomba dans un accablement profond, cherchant à ressaisir, au milieu de son trouble, le fil de sa pensée toujours si nette et si féconde en ressources. Henri, de son côté, était en proie à une vive agitation. Son esprit se reportait vers Macandal, victime d'injustes attaques, alors que son dévouement aurait pu, au contraire, si bien le servir dans cette circonstance.

Pour la comtesse c'était tout l'échafaudage de ses rêves et de ses vengeances qui venait de s'écrouler. Henri donna une interprétation aux larmes de rage qui coulaient le long des joues de cette femme, aux agitations de ses doigts, aux palpitations de sa poitrine où grondaient de sourds rugissements. Il avait compris que cette amitié subite de madame de Saint-Chamans était intéressée, et qu'elle serait inflexible dans ses exigences; enfin que le retour d'Antillia était impitoyablement soumis à la restitution de Dubost entre les mains de sa femme.

— Monsieur d'Autanne, dit tout à coup la comtesse, il faut que vous vous rendiez au camp de Macandal et que vous en rameniez Dubost. L'accès de ce camp vous sera facile, grâce au guide que je vous donnerai ; car les compagnies expéditionnaires ne peuvent pas, avec leur inexpérience des chemins de la montagne, en avoir approché d'assez près pour arrêter votre tentative.

— Mais, fit observer Henri, c'est déserter mon poste. Je suis commandant ici des troupes de la milice...

—Il le faut, monsieur ! répéta madame de Saint-Chamans avec un tel accent de résolution, que Henri, interdit, ne trouva rien à répliquer, sinon qu'il serait impossible de négocier la restitution d'un prisonnier blanc avec un chef de *marrons* attaqué par les blancs.

— Vous lui garantirez la paix et vous rendrez publiques, à votre retour, l'innocence de Macandal et la trahison de la Varenne.

La comtesse avait compté sur cette dernière déclaration d'Henri pour ameuter les créoles contre le marquis, et hâter le dénoûment qu'elle avait préparé.

— Dans deux heures, vous serez en route pour la montagne Pelée, monsieur, dit-elle en se levant et en entraînant Henri vers la porte ; moi, pendant ce temps, je verrai Fabulé, et demain je vous donne rendez-vous chez moi, à Saint-Pierre. Si vous me ramenez Dubost, je vous rendrai votre sœur. Venez, monsieur, allons rejoindre votre guide.

— Qui est ce guide à qui vous me confiez, madame ?

— Un guide sûr... le chevalier de Maubrac. Mais venez donc, monsieur !...

Henri ceignit son épée, s'arma de pied en cap, et se laissa entraîner par madame de Saint-Chamans plutôt qu'il ne la suivit.

Une heure après ils avaient atteint l'ajoupa de Maubrac ; celui-ci dormait d'un profond sommeil.

Quelque répugnance qu'éprouvât Henri à se trouver en compagnie, et pour ainsi dire sous la surveillance de cet aventurier, il se mit en route avec lui pour le camp de Macandal.

La comtesse prit la place de son frère dans le hamac qui meublait l'*ajoupa* et attendit l'effet du signal qu'avait fait Maubrac pour appeler Fabulé.

XIV

L'expédition contre Macandal avait eu au début plus de succès qu'on n'aurait pu le croire. Ce succès prépara tous les événements qui suivirent et que nous allons raconter.

A peine les compagnies expéditionnaires se furent-elles engagées dans les sentiers de la montagne Pelée, ayant à leur tête le marquis de la Varenne lui-même, qu'elles rencontrèrent deux nègres *marrons* que la présence des troupes mit d'abord en fuite. Ces deux nègres déclarèrent appartenir à la bande de Macandal, mais ils refusèrent, même au prix de leur grâce, de servir de guides aux troupes.

Toutes les séductions possibles les ayant laissés inflexibles, le marquis de la Varenne ordonna d'user de violence et de rigueur à leur égard. L'un de ces deux malheureux fut fusillé sous les yeux de son camarade ; frappé de terreur, celui-ci s'engagea à conduire les soldats à travers les sentiers sinueux où ils avaient grand'peine à avancer.

La présence des troupes, signalée au camp de Macandal, y jeta l'alarme. Le mulâtre, quoique surpris par cette attaque soudaine et inattendue, opposa aux assaillants une vigoureuse résistance.

Habitués à cette guerre de montagnes, de précipices et de rochers, les nègres *marrons* n'eurent pas de peine à intimider les blancs et à leur faire perdre promptement une partie du terrain conquis. Les plus hardis d'entre ceux-ci, encouragés d'abord par une première victoire inespérée qu'ils devaient à une trahison, payèrent de la vie leur audace. Toutes les armes étaient bonnes et faciles aux nègres ; à défaut de mousquets et pour suppléer l'insuffisance de leurs flèches et de leurs arcs, et dans l'impossibilité où ils étaient de se servir de leurs couteaux et de leurs *bangalas*, ils lancèrent sur les assaillants des troncs d'arbres et de volumineux blocs de rochers qui bondissaient le long des flancs de la montagne, écrasant les assaillants de leur poids énorme, décimant leurs rangs comme eussent fait des boulets de canon ou un feu d'artifice de mitraille.

Les blancs comprirent, alors plus que jamais, la puissance formidable des nègres *marrons*. Ils eussent peut-être battu en retraite s'ils n'avaient été soutenus par l'espoir des secours qu'ils attendaient de Fabulé, dont la bande était seule capable de lutter à armes égales avec les nègres de Macandal.

Celui-ci, que l'invasion des blancs dans la montagne avait autant affligé que surpris, éprouva une profonde déception quand, du haut d'un arbre qu'il avait choisi pour observatoire, il reconnut Du Buc à la tête d'une des compagnies. Macandal conclut que c'en était fait de lui et qu'il fallait que sa ruine fût bien résolue par les colons, pour que Du Buc, et peut-être Henri d'Autanne, prissent part à cette expédition. Sa dernière illusion s'effaça ; sa plus chère croyance venait de s'éteindre.

— Je suis bien malheureux! s'écria-t-il en frappant sa large poitrine, mes meilleurs amis m'abandonnent! Je suis trahi par ceux-là mêmes pour qui j'eusse donné ma vie !

Il ne restait plus à Macandal que la vengeance. Un projet terrible jaillit de son cerveau.

— Mort aux blancs ! dit-il en étendant son *bangala* du côté de la petite armée expéditionnaire.

Jusqu'au dernier ils périront tous. Le sol de la Martinique boira le sang des blancs !

Macandal s'assit sur le bord d'un rocher, et laissa tomber dans ses deux mains sa tête pensive et lourde du vaste plan qu'il venait de concevoir. Ce plan consistait à aller proposer à Fabulé, qui ne manquerait pas de l'accepter, croyait-il, une alliance contre les blancs, une dévastation complète de la colonie, le meurtre enfin, le pillage et l'incendie.

Une dernière pensée, au milieu de ces pensées de sang, s'épanouit sur le visage de Macandal et dessina un poli infernal sur ses lèvres. L'image d'Antillia venait de passer devant ses yeux ; il s'y arrêta comme devant le souvenir le plus riant de sa vie ; il en fit l'espérance la plus glorieuse de cette horrible et implacable guerre qu'il allait déclarer à toute une race d'hommes. Son amour pour la jeune créole, que son respect et son dévouement avaient refoulé jusqu'au plus profond de son cœur, se réveilla plein d'ardeur et allumé par la joie féroce de la vengeance.

— Oh ! s'écria-t-il, ce sera là le dernier degré où montera mon orgueil satisfait !

Macandal se leva alors en faisant tourner entre ses mains, avec la rapidité de l'éclair son *bangala*. Ce geste et cette évolution traduisaient toutes les menaces et toutes les résolutions dont son cœur était plein. Il s'assura que la masse de troncs d'arbres et de rochers qu'il avait fait rouler sur les assaillants formait un rempart suffisant pour fortifier son camp contre toute attaque ; il donna ensuite des ordres secrets à ses deux lieutenants, et se mit en route pour le camp de Fabulé, en dissimulant son départ, de peur que son absence ne jetât le découragement parmi ses soldats.

Macandal comptait sur son courage et beaucoup sur l'imminence du danger qui, dans sa pensée, les menaçait tous deux, pour décider son rival et son ennemi à accepter une alliance qui devait être fatale aux colons.

Parvenu aux abords du camp de Fabulé, Macandal s'arrêta un instant. Une grande émotion l'avait saisi au cœur. L'énormité de l'acte qu'il conspirait d'accomplir, la complicité de Fabulé qu'il allait demander, le tableau des crimes atroces qu'il serait appelé à commettre, peut-être aussi la grandeur du rôle qui se préparait pour lui se présentèrent à son esprit.

Il éprouva comme une hésitation, peut-être même un fatal pressentiment. Après un moment de réflexion, il triompha cependant de sa timidité et s'aventura en escaladant les rochers et les arbres, dans le dernier sentier qui conduisait au camp de Fabulé.

Macandal ne fut pas surpris, autant que nos

lecteurs pourront l'être, du calme complet qui régnait dans le camp du nègre. On se souvient que celui-ci avait promis son concours aux blancs dans l'expédition contre Macandal. Fabulé, qui avait accueilli avec enthousiame les ouvertures qui lui avaient été faites à ce sujet, avait ensuite manqué au rendez-vous du champ de bataille, et s'était tenu sur la réserve en différant le moment de tenir sa promesse.

Cette trahison de Fabulé mérite d'être expliquée au point de vue de sa double haine contre les colons et contre Macandal.

Il savait que les premiers ne s'étaient engagés si résolûment dans cette campagne que dans l'espérance d'être vigoureusement soutenus par lui, et que sans son secours ils rencontreraient une défaite complète. Mais une pareille attaque ne pouvait pas non plus être dirigée contre Macandal sans que celui-ci éprouvât quelques pertes.

Fabulé avait compté sur ce double résultat : la défaite des blancs et l'affaiblissement de son rival. En arrivant tardivement sur le champ de bataille, il recueillait plus facilement le fruit de sa trahison, il achevait la ruine de Macandal, et, nécessairement il avait ensuite meilleur marché des blancs, surtout avec le secours des Caraïbes qu'il avait, on se le rappelle, convoqués en armes.

C'était là la cause de l'immobilité de Fabulé au milieu de cette agitation de la montagne Pelée.

Macandal, arrivé sur la limite du camp de son ennemi, fut arrêté par un « Qui vive ! » lancé d'une voix formidable.

— Je suis Macandal, répondit-il.

A ce nom un cri général s'éleva dans le camp, et en moins de cinq minutes tous les nègres furent sur pieds.

Macandal s'avança résolûment. Sa haute stature, sa force herculéenne bien connue de tous et éprouvée par quelques-uns, la hardiesse de sa tentative, l'immense prestige qu'il exerçait sur l'esprit des esclaves imposèrent à la troupe de Fabulé. Il pénétra donc jusqu'au milieu d'eux sans qu'un seul eût fait un mouvement pour l'arrêter.

— Menez-moi à votre capitaine, dit-il aux nègres, j'ai besoin de lui parler ; un grand danger nous menace tous, vous, lui, moi et mes soldats.

L'éclat avec lequel le nom de Macandal avait retenti dans le camp, servit d'avertissement à Fabulé qui accourut, le visage resplendissant d'une joie à laquelle se mêlaient des éclairs de férocité.

— Cernez-le bien ! cria le nègre, et qu'il ne s'échappe pas !

Macandal haussa les épaules en voyant le cercle de poitrines nues et de têtes crépues qui s'était formé autour de lui. Il s'avança vers Fabulé :

— Oh ! je te tiens donc ! murmura celui-ci.

— Tu es fou, compère, répliqua Macandal ; et si tu savais quels bons avis je t'apporte, tu me tendrais la main, et nous ferions bonne alliance. Les blancs, continua-t-il, ont entrepris la destruction des *marrons;* ils ont commencé par moi, ils finiront par toi. Sans sujet aucun, ils m'ont attaqué avec une audace inusitée, et jamais ils ne s'étaient avancés si près de mon camp. Toutes leurs troupes sont sur pied ; il est possible que je les massacre jusqu'au dernier, comme il se peut qu'ils triomphent de moi ; auquel cas, compère, tu serais perdu à ton tour. Si tu veux nous sauver tous les deux, il faut que tu oublies nos vieilles haines et que tu marches à mon secours. A nous deux nous exterminerons l'armée du roi ainsi que les milices des colons, et la Martinique nous appartiendra. Voilà les nouvelles que je t'apporte. Je me confie à ta loyauté.

— Moi, répondit Fabulé, voici ce que je te dirai : Les blancs, qui ont été tes amis, sont les miens aujourd'hui. Nous sommes d'accord, eux pour t'attaquer, moi pour les laisser faire et même pour les y aider. Mon but était de m'emparer de toi, vil mulâtre ; tu es venu te faire prendre comme un enfant, tu m'éviteras donc la peine de courir après toi !

Une sueur froide couvrit le corps de Macandal.

Il promena autour de lui un regard inquiet et vit avec terreur l'impénétrable cercle humain qui l'enveloppait.

— Qu'ai-je donc fait aux blancs pour qu'ils me déclarent la guerre ? demanda-t-il.

— Tu les as trop aimés et trop flattés, répondit Fabulé. Il était juste qu'ils te fissent payer, par une trahison, cette amitié impossible entre leur race et la nôtre.

— Tu crois, reprit le mulâtre, qu'il n'est pas de ton intérêt de me défendre contre eux ?

— Non, fit le nègre ; mon intérêt est que tu disparaisses de nos bois où tu gênes mes projets.

— Alors laisse-moi m'en retourner à mon camp et je me défendrai comme je pourrai. Si je succombe, la place t'appartiendra ; si je suis vainqueur des blancs, nous nous associerons, car tu seras heureux de le faire alors, pour mettre leurs habitations à feu, à sang et au pillage.

Fabulé laissa tomber sa tête sur sa poitrine et médita un instant sur les avantages du plan que Macandal venait de dérouler à ses yeux.

— Que décides-tu ? demanda le mulâtre.

— J'ai plus d'intérêt, répondit Fabulé, à faire moi tout seul ce que tu me proposes d'entreprendre en commun.

— C'est bien ; alors laisse-moi partir.

— Non pas ! Tu es mon prisonnier ; ce que je révais d'obtenir au prix de mon sang et de celui de mes *marrons*, je l'obtiens sans qu'il m'en coûte rien, et tu voudrais que je te permisse de t'enfuir ! Fabulé n'est pas si fou, en vérité.....

— Tu fais la besogne des blancs !

— Je fais la mienne.

— Lâche ! s'écria Macandal en reculant de quelques pas, comme pour prendre l'élan de sa course.

Sur un signe de Fabulé, deux mains vigoureuses s'abattirent sur les épaules du mulâtre. Appelant à son aide ses forces herculéennes, Macandal secoua au bout de chacun de ses bras les deux colosses noirs qui avaient tenté de le retenir, et les fit voler à quinze pas devant lui.

Après sa courte et facile victoire, il essaya de nouveau de s'enfuir. Mais il fut rapidement entouré par le bataillon de noirs qui lui ferma le passage.

Macandal promena autour de lui ses regards ; il rencontra partout des visages qu'enflammaient la férocité et la joie d'une lutte qui menaçait d'être terrible. A chaque pas tenté en avant ou en arrière, le cercle humain se resserrait autour de lui. En voyant deux ou trois couteaux briller entre les mains de ses adversaires, il croisa ses bras sur sa poitrine et commença de rugir : puis rappelant toute son énergie et tout son courage des moments désespérés, il ramassa son corps, ferma ses deux poings durs comme des massues de fer, et tête basse, il s'élança au-devant de ses ennemis.

Le premier choc fut terrible pour ceux-ci. Surpris par cette brusque et soudaine attaque, cinq ou six de ces bandits roulèrent sur la terre, étourdis par la violence des coups de pied, des coups de poing et des coups de tête que Macandal leur avait distribués.

Mais bientôt le pauvre mulâtre sentit des mains et des bras vigoureux l'enlacer par le milieu du corps, et la pointe des couteaux effleurer sa chair sans y pénétrer cependant, tant il avait su se dégager promptement de cette étreinte.

Après quelques minutes d'une de ces luttes gigantesques où la nature humaine dépense plus de forces qu'elle ne semble en accorder à un seul homme, Macandal avait reconquis la liberté de ses mouvements. Il se trouvait de nouveau écumant de rage, les bras et la poitrine ruisselant de sang et de sueur, seul au milieu d'un cercle de faces hideuses, d'épaules meurtries par les morsures, de regards abrutis par la douleur et par la colère.

Un moment Macandal chercha parmi ces bêtes fauves celle sur laquelle il pourrait se venger en faisant d'elle sa victime. Sa pensée se concentra sur Fabulé, qui se tenait devant lui impassible, les bras croisés et le bravant. Mais le mulâtre songea que c'était sa vie qu'il jouait sur cette vengeance isolée, et qu'il valait mieux pour lui renverser ce rempart et fuir en vainqueur.

Sa poitrine se dilata, les muscles de son corps se raidirent tout à coup comme des ressorts d'acier, et il fondit pour la seconde fois, tête basse, sur ce troupeau de tigres prêts à le déchirer en lambeaux. Pour la seconde fois, la lutte recommença terrible, féroce, inouïe ; la terre frémissait sous des trépignements formidables.

Les forces de Macandal semblaient se doubler en proportion du danger et de l'énergie des attaques. Soit adresse, soit bonheur, soit supériorité réelle, il parvint à se délivrer de ses plus tenaces ennemis, dont le corps musculeux et souple s'enlaçait autour de lui comme les anneaux de ce serpent qu'il avait jadis coupé en morceaux.

Devant lui l'espace était ouvert ; Macandal prit la fuite, en courant avec la rapidité d'une flèche. Fabulé poussa un cri de rage, décrocha des branches d'un arbre un mousquet et se mit à la poursuite du mulâtre en compagnie de deux ou trois nègres.

Macandal avait pénétré au milieu d'un massif de hautes herbes et de haziers qui dépassaient sa tête ; il avait pu ainsi disparaître aux yeux de Fabulé. Celui-ci, ayant perdu la trace de son ennemi, entra dans une colère formidable.

— Vous êtes des lâches! s'écria-t-il en s'adressant à ses nègres, de vous être laissés ainsi battre par un mulâtre.

Fabulé n'était pas homme à lâcher facilement sa proie. Il connaissait d'ailleurs tous les chemins environnants; il savait ceux où le pied humain pouvait s'aventurer, et ceux où il était impossible de tenter un pas. Il pouvait donc préciser, par à peu près, la direction qu'avait prise Macandal. Il monta sur un figuier sauvage dont les hautes branches formaient un commode observatoire, d'où le regard dominait à une longue distance.

Il ne fut pas longtemps à apercevoir, à quelques centaines de pas devant lui, une agitation extrême au milieu des hautes herbes, sans pouvoir distinguer cependant l'objet qui se mouvait ainsi par bonds suivis et réguliers.

Fabulé assura le canon de son mousquet sur une branche et fit feu.

Un cri sourd répondit à la détonation de l'arme. Fabulé et les trois nègres qui l'accompagnaient, descendirent de l'arbre et se dirigèrent vers le point où le balle avait dû porter. Arrivés au terme de leur course, ils trouvèrent le terrain labouré et imbibé de taches de sang, mais désert.

Le chef *marron* promena autour de lui un regard courroucé et perçant; il vit à quelque distance un léger frémissement dans les herbes, indice certain d'une fuite difficile et douloureuse.

D'ailleurs, les traces du sang que la terre n'avait pu encore boire, marquaient le chemin qu'avait pris le blessé.

Fabulé et les trois nègres entrèrent hardiment dans ce sentier, et ne tardèrent pas à rejoindre Macandal, se traînant péniblement atteint par la balle qui avait pénétré dans ses chairs sans le blesser dangereusement. Le mulâtre essaya de se dresser et de s'adosser à un tronc d'arbre pour défendre sa vie ou sa liberté contre ses quatre adversaires. Fabulé s'avança hardiment vers lui et lui asséna sur la tête un coup de la crosse de son mousquet. Le coup eût été mortel, si le mulâtre ne l'eût évité en partie. Mais déjà affaibli par la perte de son sang, il tomba évanoui.

— Enfin ! murmura Fabulé, en retournant le corps du malheureux pour s'assurer s'il était mort ou seulement blessé.

Sur l'ordre de son chef, l'un des nègres chargea Macandal sur ses épaules, et le transporta au camp.

Quand Macandal eut repris connaissance, après l'application sur sa blessure de certaines herbes, dont les nègres ont conservé le secret :

— Tu ne veux donc pas me faire mourir? demanda-t-il à Fabulé.

— Non, répondit celui-ci ; j'ai à tirer de toi un

meilleur parti. Demain, je te conduirai moi-même
à Saint-Pierre, et te livrerai aux blancs.

— Tu vas donc me vendre lâchement?

— Ta capture servira à me faire pardonner quelques-uns des crimes dont les blancs m'accusent.
Tu sais bien qu'on fait grâce à un nègre *marron*
qui en ramène un autre.

Macandal n'avait craint d'abord qu'une chose,
c'est qu'on le fît partir tout de suite. Il comptait
sur cette nuit de repos que Fabulé lui laissait
pour réparer ses forces et tirer de nouveau parti
de sa position.

J'ai dit tout à l'heure que la blessure de Macandal n'était point grave ; les remèdes qui lui
furent appliqués avaient promptement déterminé
un mieux que le mulâtre eut la prudence de dissimuler sous des dehors d'angoisses et de souffrances admirablement feints. Avec cette faculté
merveilleuse que possèdent les nègres de dominer
le plus cuisant mal ou même de se l'infliger, Macandal se composa un calme d'esprit qui influa
considérablement sur l'état de sa blessure.

Le lendemain, Fabulé ordonna à un des *marrons* de l'accompagner pour conduire le prisonnier à Saint-Pierre.

Le nègre saisit d'une main Macandal par le poignet, et son *bangala* dans l'autre, ils se mirent en
marche tous trois.

Fabulé avait calculé le temps de manière à arriver le soir même à Saint-Pierre.

XV

Vers le milieu de la journée, la chaleur dans les Antilles est si lourde et les rayons du soleil sont si ardents, qu'ils semblent des lames de feu qui pénètrent les chairs. Les nègres eux-mêmes, dont la peau paraît être une cuirasse impénétrable, sont obligés de chercher l'ombre et de demander au repos un surcroît de forces. Fabulé fut obligé de faire une halte. Il s'enfonça dans le massif d'un bois de corossoliers dont les épaisses branches formaient comme un toit de verdure ; il vida sa calebasse d'eau-de-vie, s'étendit sur le sol pour dormir, après avoir garrotté les bras de son compagnon et ceux de son prisonnier, et enveloppé autour de son propre corps la double corde qui les enchaînait. Cette précaution lui parut suffisante pour prévenir toute tentative d'évasion. Macandal feignit de s'endormir ; il surveillait le sommeil de Fabulé et du nègre momentanément captif comme lui. Ce dernier, fidèle à sa consigne malgré le témoignage de défiance que venait de lui donner son chef, était demeuré assis à cinq pas de Macandal l'œil fixé sur lui. Quand le mulâtre fut bien assuré que Fabulé dormait profondément, il se dressa sur son séant et regardant en face son gardien :

— Ne dis pas un mot, murmura-t-il, ne pousse pas un cri, ne fais pas un geste, et écoute-moi.

Le nègre, dominé par le regard ardent de Macandal, par la fermeté de sa voix, par la bravoure qui transpirait dans tous ses traits, resta muet et comme fasciné. Ses grands yeux jaunes, sa lèvre béante, l'hébêtement de son visage, témoignaient de la curiosité où il était d'entendre ce qu'allait lui dire Macandal. Après avoir tourné la tête du côté de Fabulé et s'être assuré de nouveau qu'il dormait bien réellement :

— As-tu réfléchi à ce qui va t'arriver quand tu seras à Saint-Pierre? lui demanda Macandal. Tu crois que parce que tu m'auras ramené de *marronnage*, on t'accordera ton pardon, et que le lendemain tu pourras reprendre les chemins des bois? Eh bien, tu te trompes, et Fabulé se sert de toi comme d'un instrument stupide pour accomplir une vengeance inutile et niaise. Rien de ce qu'il te fait espérer ne se réalisera.

Le nègre tendit le cou vers Macandal, et se prêta tout oreilles à son discours tentateur.

— Moi, au contraire, je suis assuré de mon pardon si je veux rentrer sur l'habitation; j'en ai pour garantie la bonté de mes maîtres. Je n'ai donc pas peur qu'un coup de fouet me tombe sur les épaules, ni qu'on me mette le carcan, ni que l'on m'attache les fers aux pieds ; en sorte que je pourrai repartir *marron* le soir même, s'il me plaît.

Un sourire stupide sépara les lèvres du nègre et montra ses dents blanches enchâssées dans des gencives violettes. Il avait compris déjà, en partie du moins, le sens de l'insinuation de Macandal; et quand celui-ci tourna encore une fois la tête du côté de Fabulé, le nègre dirigea également son regard sur son chef, et sa figure, impassible tout à l'heure, s'éclaira subitement. Un simple mouvement de ses lèvres qui n'osaient ou ne pouvaient articuler une parole, demanda à Macandal de continuer.

— Sais-tu ce qui t'attend là-bas quand tu m'auras livré au geôlier? On te mettra à la geôle aussi, toi !

— Et Fabulé? demanda le nègre qui se décida enfin à rompre son silence, étonné et attentif.

— Est-ce que tu crois que Fabulé sera assez bête pour oser entrer dans Saint-Pierre? Il sait bien à quoi s'en tenir sur les promesses des colons, lui. Il te laissera me conduire à la geôle et s'arrêtera à quelques pas de Saint-Pierre; puis quand il sera bien assuré que tu ne pourras pas manquer d'exécuter ta commission, il s'en retournera au fond des bois, débarrassé de moi, et peu soucieux des misères auxquelles il t'aura condamné.

Le nègre frissonna de la tête aux pieds ; son torse nu et luisant se couvrit de larges gouttes de sueur qui étaient comme des larmes que son corps laissait couler sous la menace des supplices. En même temps, il lança sur Fabulé un regard plein de rage féroce.

— Tandis que lui, fit Macandal en désignant le chef endormi, oh! c'est autre chose. On nous donnerait la moitié de la Martinique pour le livrer à la vengeance des colons. Cette grâce menteuse qu'il te promet en me ramenant à mon maître, nous l'obtiendrons, et, avec notre pardon, tout ce que nous voudrons pour cette capture que ni les soldats du roi, ni les colons, ni les Caraïbes n'ont encore pu faire.

Le nègre tordait ses bras impuissants et faisait des efforts surhumains pour se débarrasser de ses liens.

— Et puis, reprit Macandal, qui tenait son complice en son pouvoir, pardonnés, nous partirons *marrons* quand il nous plaira, et regagnerons les mornes. On me fait guerre en ce moment, on me poursuit ; mais les blancs ne sont pas encore entrés dans mon camp. Nous les vaincrons, nous aurons pour nous le pillage, l'incendie, nos vengeances à satisfaire ; le pays nous appartiendra, les Caraïbes deviendront nos amis et nos alliés, et nous donnerons la liberté à tous les esclaves.

Le nègre, ivre des paroles de Macandal, lesquelles pénétraient dans son esprit par toutes les fissures qu'y avaient ouvertes la crainte d'un châtiment dû à la trahison, et la perspective d'une liberté mieux assurée ; le nègre, dis-je, luttait avec une incroyable énergie pour rompre les liens qui retenaient ses bras captifs.

Ses yeux lançaient de véritables éclairs, ses narines gonflées soufflaient une tempête de colère. Macandal, plus calme et plus prudent, se gardait d'ajouter un mouvement aux trépignements furibonds de son compagnon, de peur d'éveiller Fabulé. Un genou fortement appuyé sur la corde qui séparait les deux nègres, il interceptait ainsi toute communication entre eux. Il suivait d'un regard attendif le progrès lent des efforts de son compagnon dont les muscles d'acier avaient assoupli le nœud de ses liens.

Quand Macandal crut s'apercevoir que la corde s'était assez distendue entre les poignets du nègre pour que, au prix même d'une violente douleur, il fût possible de triompher du dernier obstacle :

— Approche-toi, lui dit-il à mi-voix, pose tes poignets à terre; souffre, mais ne pousse pas un cri; ou nous sommes perdus !

Le nègre fit ce que lui avait commandé Macandal. Son corps tremblait, le sang s'était retiré de son visage où l'on pressentait dans la décomposition des traits une pâleur invisible ; son cœur battait avec une violence extrême. Dès que le nègre eut posé ses mains à plat sur la terre, Macandal plaça son genou entre ses deux bras, et appuyé sur la corde déjà amollie :

— Tire sur tes mains, dit-il au nègre.

En même temps que celui-ci accomplissait cet ordre avec une énergie de fataliste, Macandal donnait une si violente secousse à la corde que l'une des mains du nègre se trouva subitement dégagée ; mais le lien, en se retirant, lui emporta une partie des chairs jusqu'à l'os, et les phalanges restèrent à nu, sanglantes, tuméfiées et à moitié brisées. Macandal éprouva un sentiment d'horreur à cette vue ; le nègre trembla sur ses jarrets et s'affaissa, le cœur défaillant et les membres glacés.

A ce moment, Fabulé fit un mouvement qui indiquait son réveil. Les deux complices reprirent leur sang-froid en présence du danger. Macandal se jeta comme une bête fauve sur la poitrine de Fabulé, et s'y cramponna de tout le poids de son corps. Le nègre, libre désormais de ses mouvements, de sa main valide saisit le chef à la gorge et de l'autre, arrachant de sa ceinture le couteau qui y était attaché, il coupa les liens de Macandal, qui put soutenir à forces égales la lutte où son camarade impuissant eût succombé en les perdant tous deux.

Fabulé bondissait sur le sol ; ses reins semblaient contenir des ressorts infatigables. Tantôt il parvenait à dégager ses cuisses et ses jambes de la lourde étreinte où les retenaient les deux corps littéralement enlacés dans le sien, et se faisant un point d'appui de ses larges épaules clouées à terre, il décrivait dans l'air, en cercles inabordables, de gigantesques courbes ; tantôt au contraire, affranchissant son torse de la pression de ses deux adversaires, il se levait sur son séant, et, toujours prisonnier par une moitié de son corps, il lacérait leurs côtes, leurs bras avec ses ongles, avec ses dents. Une fois il parvint à se dresser sur ses pieds, non point pour tenter la fuite, mais pour entreprendre une lutte formidable, féroce, à coups de tête, comme les béliers, à coups de griffes et à pleines mâchoires, comme les lions et les panthères.

Ce fut le terme de cette impuissante résistance. Fabulé tomba épuisé, vaincu sur ce sol trempé de son propre sang, de celui de Macandal, de qui la blessure s'était rouverte et de celui du malheureux nègre dont la main dépouillée était hideuse à voir.

Les liens qui avaient servi aux deux prisonniers servirent cette fois à Fabulé. Bien garrotté, rendu impuissant, il fut jeté par Macandal et son complice au pied d'un arbre.

— C'est assez travailler aujourd'hui, dit le mulâtre au nègre, nous n'arriverions pas ce soir à Saint-Pierre; d'ailleurs nous avons l'un et autre besoin de nous panser ; nous passerons la nuit ici.

Le nègre s'enveloppa la main dans des compresses d'herbes, et il s'endormit ainsi que Macandal de chaque côté de leur prisonnier.

Le lendemain, Macandal dit au nègre :

— Je suis plus franc à ton égard que ne l'avait été Fabulé, je n'ose te garantir ta grâce : retourne au camp, annonce ma venue prochaine à tes camarades; moi seul je conduirai Fabulé à Saint-Pierre.

Le nègre s'éloigna plein d'une admiration naïve pour le mulâtre. Macandal délia les pieds de Fabulé devenu docile dans sa défaite, et ils se mirent en route.

Le soir, ils entrèrent à Saint-Pierre. Macandal se dirigea vers la geôle, et remettant son prisonnier aux mains du geôlier :

— Je vous amène Fabulé, dit-il, et moi, je m'en retourne chez mon maître.

Le juge criminel, étranger à toutes les intrigues qui s'agitaient dans l'ombre, sachant la guerre que l'on faisait à Macandal et aussi le prix que l'on pouvait attacher à la capture de Fabulé, les fit emprisonner tous les deux.

Macandal et Fabulé furent enfermés isolément, dans la geôle de Saint-Pierre, peu formidable en ce temps-là. C'était une simple case en bois, comme étaient presque toutes les maisons de la ville, placée au centre d'un vaste terrain fortifié de palissades. On comptait plus sur la terreur des nègres de se voir captifs, que sur la solidité de ces simples murailles en planches.

Macandal fut étonné de ce dénoûment imprévu, et, redoutant l'issue du jugement auquel il allait être soumis, il résolut de n'attendre ni l'intervention de la justice, ni celle de son maître de laquelle il ne lui était plus permis de rien espérer. Assis au fond de sa cellule, la tête plongée dans ses deux mains, Macandal songeait au moyen de s'évader. Sa prison était au rez-de-chaussée ; nul doute à cet égard, puisque ses pieds foulaient la terre. Il écouta les bruits qui pouvaient se produire à ses côtés ; à droite et à gauche, le plus profond silence. Il en conclut que les deux cellules voisines étaient inoccupées. Mais dans quelle position était la sienne par rapport à l'extrémité du bâtiment de la prison ? Cette prison finissait-elle à droite ou à gauche ? aurait-il plusieurs obstacles à franchir avant d'arriver en pleine campagne ?

Une petite croisée, percée en œil de bœuf et garnie de barreaux, aérait et éclairait la cellule. Macandal bondit comme un chacal, atteignit à pleines mains les barreaux de la croisée, et par la force de ses bras se hissa jusqu'à pouvoir plonger le regard au dehors. Il aperçut devant lui la solitude du terrain au centre duquel était bâtie la prison, puis plus loin les palissades, et derrière celles-ci la montagne : c'est-à-dire la liberté. En penchant la tête de côté, il avait pu remarquer que sa cellule était, à gauche, l'avant-dernière du bâtiment. Il se laissa retomber sur le sol ; le plan de son évasion avait déjà germé dans sa tête. Il regarda avec regret les barreaux auxquels il venait de se suspendre ; il avait pu s'assurer qu'ils étaient fortement enracinés entre deux solives d'où il ne réussirait pas à les arracher par la seule puissance de ses mains et de ses bras musculeux.

Le succès de son entreprise était donc dans la possibilité de s'introduire dans la cellule voisine pour de là s'ouvrir une issue sur l'enclos de la prison. Il s'agissait de percer deux murailles.

Macandal attendit la nuit. La cloison qui le séparait de la cellule où il devait pénétrer d'abord, était soutenue sur un amas de roches de rivière informes et mal maçonnées entre elles en manière de mur d'appui. Il détacha avec ses ongles les plaques de plâtres qui dissimulaient les intervalles des roches, et commença à ébranler cet échafaudage fragile. Au premier bruit de son travail, il avait entendu dans la cellule voisine, silencieuse jusqu'alors, un mouvement et une agitation qui se calmèrent tout aussitôt.

Macandal ne savait s'il devait se réjouir ou s'inquiéter de cette découverte. Il s'arrêta un moment; puis, après avoir frappé à la cloison, il demanda :

— Qui est mon voisin ?

Aucune réponse ; il réitéra sa question, même silence. Il s'imagina s'être trompé, et reprit son œuvre avec une nouvelle ardeur.

Le déplacement de trois des plus grosses roches suffit à lui ouvrir un passage où il pouvait pénétrer dans la pièce voisine, en se traînant à plat ventre. Avant de se risquer dans ce défilé, il essaya de plonger ses regards dans ces ténèbres mystérieuses. La lune, qui resplendissait au ciel ne laissait filtrer que deux ou trois faibles rayons à travers les barreaux d'une lucarne semblable à celle de sa cellule. Ces rayons traçaient sur le sol une langue de lumière pâle, — rien de plus.

Macandal s'aventura alors ; il passa sa tête, puis les épaules, puis son corps tout entier, par l'étroit chemin qu'il s'était frayé. Il se dressa au milieu de la cellule, qui lui parut déserte ; il écouta et distingua dans un angle tout à fait noir le souffle cadencé d'une respiration. En fixant attentivement ses regards dans cette direction, il aperçut deux yeux qui brillaient dans l'obscurité et se détachaient sur le fond noir. C'était une face de nègre. Macandal allongea la main, et avant que ce témoin timide ou prudent de sa tentative d'évasion eût eu le temps de se mettre en garde, il l'avait saisi par ses cheveux crépus et traîné devant la lucarne, d'où un rayon de la lune lui tomba en plein sur le visage.

Les deux prisonniers poussèrent en même temps un rugissement terrible : ils s'étaient reconnus. Le hasard mettait encore une fois en présence Macandal et Fabulé.

Fabulé avait profité de l'étonnement de son implacable ennemi pour se dégager, et s'était acculé dans un des coins de la prison, les reins appuyés contre la cloison, le torse en avant, comme tout prêt à une lutte.

Macandal avait compris que ce n'était ni le moment ni le lieu de livrer bataille.

— Tu es fou, Fabulé, dit-il au nègre, et nous serions deux imbéciles de nous disputer ici, quand nous devons chercher à nous sauver.

— Quels moyens as-tu pour arriver à ton but? demanda Fabulé.

— Tu vois, répondit Macandal, comment je suis parvenu en démolissant le mur de ma prison, à pénétrer dans la tienne. Il s'agit maintenant de percer le mur qui nous sépare de la liberté.

— Ce serait impossible. Tu n'avais que quelques roches à déchausser pour faire le chemin par où tu as passé; mais ici c'est une autre affaire. Ce mur est un mur véritable. Huit jours et huit nuits ne nous suffiraient pas pour l'entamer.

— C'est vrai, fit Macandal en se frappant la tête de dépit, et il faut qu'avant une heure nous soyons hors d'ici.

— J'ai un moyen, moi, répondit Fabulé.

— Dis vite.

— C'est par cette fenêtre que j'avais médité de m'évader.

— Par cette fenêtre ? Il est donc facile d'en enlever les barreaux ?

— Non ; mais il est aisé de les scier.

— A l'ouvrage alors, et vite, cria Macandal.

— Oh ! murmura Fabulé en ricanant, je me serais servi de l'instrument que voici, — et il montra à Macandal une petite lime d'acier, longue comme la moitié du petit doigt, qu'il tenait cachée dans sa bouche, — je me serais servi de cet instrument pour m'évader, moi, mais je préfère renoncer à ma fuite plutôt que de favoriser la tienne.

— Misérable ! fit Macandal, tu aurais ce froid courage ?

— Vengeance pour vengeance, lâcheté pour lâcheté. Tu m'as livré aux blancs, et tu voudrais que je t'aidasse à leur échapper ? Non pas ! Si, par un autre secours que le mien, tu parviens à fuir, tant mieux pour toi ; mais ce ne sera jamais moi qui t'en fournirai les moyens.

— Hâte-toi, Fabulé, de scier les barreaux de

cette prison, et de nous ouvrir à tous deux le chemin de la liberté.

— Non !

— Quand nous serons dans les bois de la montagne Pelée, nous ferons alliance, si tu veux ; ou bien si tu crois que l'un de nous est de trop et gêne l'autre, eh bien ! nous nous battrons jusqu'à ce que l'un des deux soit tué.

— Non, répondit Fabulé, tu es ensorcelé ; et c'est moi qui périrais dans le combat ! Oui, il faut que tu sois ensorcelé pour n'être pas mort du coup de mousquet que je t'ai tiré, et pour avoir pu, hier, t'échapper de mes mains. Non, non, tu te sauveras comme tu pourras, et moi comme je pourrai ; mais je n'aiderai point à ta fuite.

— Le temps presse, Fabulé.

— Que m'importe !

Macandal avait feint, jusqu'à ce moment, un calme qu'il n'avait point. A mesure que les refus de Fabulé devenaient plus persistants, le mulâtre sentait sa colère lui monter au cœur ; ses poings se crispaient, les muscles de ses bras se roidissaient.

— Tu refuses décidément ? demanda-t-il au nègre en croisant ses bras sur sa large poitrine.

— Je refuse.

Macandal baissa la tête pour réfléchir un instant, puis la releva tout à coup ; ses yeux étincelaient au milieu de l'obscurité. Il fit un pas vers

Fabulé, qui s'était réfugié dans un des coins de la cellule, accroupi comme une bête fauve sur la défensive, et prêt à s'élancer sur son ennemi.

— Toute tentative de ta part serait vaine, dit-il à Macandal. Tu peux essayer par la force de m'arracher cet instrument que tu convoites, mais, vainqueur même, tu ne l'auras pas.

Parlant ainsi, Fabulé avala la petite lime qu'il cachait dans sa bouche. Le mulâtre exaspéré, ivre de colère, se rua sur le nègre avec la rapidité de l'éclair et sans que celui-ci eût pu prévoir l'attaque. Macandal saisit Fabulé à la gorge, et en même temps qu'il l'étranglait entre l'étau de fer de ses dix doigts, il lui frappait la tête littéralement à tour de bras contre les roches aiguës et inégales qui formaient le mur d'appui de la cellule. Fabulé n'avait eu ni le temps ni le pouvoir de se défendre. Les douleurs que lui faisait éprouver la présence du morceau de fer dans son gosier lui avaient retiré ses forces. Il poussa un râle et resta mort entre les mains de Macandal.

Le mulâtre lâcha le cadavre, qui retomba sur le le sol; et, comme épouvanté de son action, il recula jusqu'au fond de la cellule, le visage couvert de sueur et le corps frémissant.

— Misérable imbécile ! murmura-t-il.... Se condamner à cette mort inutile sans profit pour lui et sans profit pour moi !

Macandal s'accroupit dans un coin de la prison en proie moitié à la rage, moitié au désespoir. Tout à coup, il se leva, et passant la main sur son front, il s'écria avec un ricanement féroce :

— Je ne laisserai pas mon œuvre inachevée ; je voulais ma liberté, je l'aurai.

Il fit un pas vers le cadavre, puis s'arrêta comme frappé de terreur. Il réfléchit, avant de poursuivre le sacrilége qu'il avait résolu. Il s'était souvenu d'avoir senti sous ses doigts, pendant qu'il étranglait Fabulé, la lime engagée dans le gosier du nègre. Cette lime, il la lui fallait à tout prix. Il se pencha sur le cadavre, écarta violemment ses deux mâchoires entr'ouvertes, plongea la main dans sa bouche, sans parvenir à atteindre l'objet de son ardente convoitise. Par l'effet d'une contraction nerveuse toute naturelle, les mâchoires de Fabulé se rejoignirent lentement pendant que Macandal fouillait sa gorge, et les dents du cadavre serrèrent comme un bracelet aigu le poignet du mulâtre, qui poussa un cri de terreur.

Macandal éprouva comme un vertige de superstition. Nul doute pour lui que Fabulé ne fût mort, et pourtant cette morsure qui l'avait légèrement atteint lui sembla un avertissement du ciel. Il demeura un instant étourdi, troublé, hésitant ; il eut peur de se voir en face du cadavre. Il tourna autour de la cellule comme une bête fauve, frappant les murs pour chercher une issue. Un instant il eut la pensée de rentrer dans sa prison et d'y attendre le sort qu'on lui réservait ; au moins serait-il séparé de ce terrible spectacle du corps de Fabulé.

Après avoir fixé pendant quelques minutes ses yeux avides sur la lucarne, le sentiment de cette liberté qui l'avait poussé à commettre un crime devenu inutile, lui inspira une horrible idée.

— Non, murmura-t-il, non, il n'est pas possible que je me condamne à la prison quand la liberté est là !

Il se jeta alors sur le cadavre de Fabulé avec la même rapidité qu'il s'était précipité sur son ennemi vivant, et enfonçant ses ongles dans la gorge du nègre, il déchira ses chairs et y fouilla jusqu'à ce qu'il eût trouvé au milieu des artères labourées, du sang figé et des lambeaux de muscles, ce morceau de fer d'où dépendait son salut.

Macandal ne pouvait atteindre aisément jusqu'à la croisée. Il traîna le corps de Fabulé, l'appuya contre le mur, et se faisant un marchepied de ses épaules, il saisit les barreaux de la lucarne de l'une de ses mains sanglantes, pendant que de l'autre il scia deux des barreaux qui, en disparaissant, livrèrent à son corps un passage suffisant.

Macandal, une fois hors de la prison, examina avec un soin attentif l'horizon qui s'ouvrait devant lui. Le plus grand silence régnait partout ; la lune avait disparu du ciel ; quelques étoiles seules y brillaient et ne pouvaient éclairer les profondes ténèbres.

Le mulâtre s'élança droit devant lui, en courant de toute la vitesse de ses jambes jusqu'aux palissades dont il commença l'escalade en s'accrochant, de ses mains et de ses pieds, aux saillies des planches et aux nœuds des bambous dont les éclats acérés déchiraient sa peau.

XVI

Au moment où Macandal touchait au dernier degré de sa pénible ascension, la balle d'un mousquet effleura son épaule. En même temps que le coup de feu, un cri d'alarme retentit dans la prison, et le mulâtre entendit le galop mêlé d'aboiements épouvantables d'un de ces chiens dressés à la chasse des esclaves et des Caraïbes. Son cœur se serra, mais le danger éperonna son courage ; il fit un dernier et suprême effort pour atteindre le sommet de la palissade.

Il arrivait au but, lorsque le chien, acharné à sa poursuite, bondit jusqu'à lui, et saisit la cuisse du fugitif dans sa large gueule. Macandal poussa un cri de douleur, de rage et de désespoir ; au même instant deux coups de mousquet éclatèrent, et le malheureux mulâtre, frappé à la poitrine et à la tête, roula de l'autre côté de la palissade, entraînant le chien dans sa chute.

Macandal était mort comme un vulgaire malfaiteur, dans l'ombre, fusillé par une main inconnue.

Le chien lâcha sa proie, flaira le cadavre du mulâtre, et se mit à aboyer à pleine gueule pour avertir les geôliers. Ceux-ci accoururent à cet appel, portant des flambeaux de résine, qui jetaient sur cette scène une sinistre lueur. Pendant qu'ils relevaient le corps de Macandal et chargeaient sur leurs épaules ce colosse inerte, un bruit de pas cadencés et lents, comme ceux d'une troupe en marche, résonna sourdement sur le sol.

C'était la bande de Caraïbes qui ramenait Antillia. Le chien, débarrassé de Macandal, la gueule encore ensanglantée, flairant un de ses gibiers habituels, se prit de nouveau à aboyer et voulut s'élancer dans la direction que suivaient les Caraïbes. Les geôliers ne se sentant pas en force pour soutenir une attaque, arrêtèrent le chien, le lancèrent par-dessus la palissade, qu'ils escaladèrent vivement et abandonnèrent le cadavre du mulâtre.

Ils regardèrent à travers les fissures des planches et virent s'avancer le cortége avec le palanquin dans lequel se trouvait Antillia, sur qui le *boyez* caraïbe veillait avec un soin tout paternel. La troupe s'arrêta ; les aboiements incessants du chien, la lueur rougeâtre et l'épaisse fumée des flambeaux de résine, qui s'élevaient en tourbillonnant au-dessus des planches, avertirent les Caraïbes de se tenir sur leur garde. Le *boyez* fit quelques pas en avant et cria :

— Nous sommes des amis, et nous ramenons à son frère une fille des blancs.

Les deux geôliers enchaînèrent le chien, franchirent la palissade et allèrent au-devant du *boyez*, qui, en apercevant le cadavre de Macandal, poussa un cri de désespoir.

Antillia vint presser la main du mulâtre.

— Qui l'a tué ? demanda-t-elle.

— Nous, répondirent les geôliers ; et ils racontèrent l'arrivée des deux chefs marrons à Saint-Pierre, leur emprisonnement, l'évasion de Macandal et le triste dénoûment de ce drame.

— Vous avez tué l'ami des blancs, dit le *boyez*, et les blancs lui faisaient une guerre injuste.

— Ramenez-moi promptement chez mon frère, dit Antillia en cachant son visage pour pleurer.

Les Caraïbes partirent au pas de course, et arrivèrent à la pointe du jour sur l'habitation d'Henri qu'ils trouvèrent déserte.

Le départ de Macandal pour le camp de Fabulé, la lutte entre les deux chefs marrons, le dénoûment sanglant que nous avons raconté dans le précédent chapitre, avaient coïncidé précisément avec la visite d'Henri au camp du mulâtre et avec l'arrivée de madame de Saint-Chamans à l'ajoupa de Maubrac.

Ce chassé-croisé de tous nos personnages explique les événements que nous avons racontés et ceux que nous allons raconter.

Henri, grâce à la parfaite connaissance que possédait Maubrac des chemins de la montagne Pelée, où celui-ci s'était souvent aventuré pour aller fraterniser avec les nègres marrons, Henri, dis-je, put arriver facilement au campement de Macandal, en évitant de traverser les lieux où le combat était engagé. L'entrée d'Henri et de Maubrac dans le camp fut une surprise pour le bataillon noir qui, se croyant envahi par les troupes, poussa des clameurs et se prit à fuir en abandonnant les armes.

— Macandal ? où est Macandal ? criait Henri, en arrêtant dans leur fuite les nègres qui se trouvaient le plus près de lui, je veux lui parler, je veux le sauver !

— Arrêtez donc, régiment d'imbéciles, hurlait Maubrac. M. d'Autanne et moi, nous sommes des amis et nous vous apportons la paix et notre amitié. Vous voyez bien que les troupes du roi ne bougent pas de leur position. Où est Macandal ?

Le calme se rétablit. Les nègres se rangèrent

autour des deux colons, avec timidité d'abord, puis peu à peu avec confiance. La vieille mère de Macandal s'avança, et tombant à genoux devant Henri en lui pressant les mains :

— Maître, dit-elle, qu'est-ce que Macandal a donc fait aux *Békés* (aux blancs), que M. Du Buc est à la tête de ceux qui poursuivent mon fils ?

— Calme-toi, répondit Henri, c'est une erreur, une infamie et une trahison qui ont mis les colons à la poursuite de Macandal. On l'a accusé de deux crimes dont Fabulé est l'auteur. Je viens pour sauver Macandal et pour proclamer son innocence devant les colons. Où est ton fils? Appelle-le, amène-le ici... que je lui serre la main.

— Macandal ! fit la vieille négresse en se prosternant la face contre terre, Macandal est allé demander assistance à Fabulé.

— Le malheureux ! Fabulé va le tuer !

La vieille négresse poussa un cri déchirant et tomba évanouie aux pieds d'Henri.

— M. d'Autanne, murmura Maubrac qui n'oubliait point le but principal de sa mission, pendant que vous allez vous rendre auprès du gouverneur pour arrêter les attaques de ce côté, moi je conduirai Dubost à madame de Saint-Chamans ; faites-nous rendre votre prisonnier.

Henri réclama Dubost ; mais on lui annonça que, dès le premier combat, le prisonnier était parvenu à s'évader. Cette nouvelle fut un coup de foudre pour Maubrac, qui comprit mieux qu'Henri toute la gravité de cette évasion. Dubost, altéré de vengeance, devait, s'il avait pu gagner Saint-Pierre, y avoir ameuté la population contre la comtesse, en confirmant les terribles révélations que celle-ci avait tant d'intérêt à tenir secrètes.

Pendant que Henri organisait les nègres marrons pour rejoindre les blancs et marcher avec eux contre Fabulé, Maubrac avait disparu, et avait repris le chemin de Saint-Pierre où Dubost était en effet arrivé, et où il avait proclamé la honteuse origine de la prétendue comtesse de Saint-Chamans.

Les négociants qui lui avaient fait de si considérables avances d'argent les voyaient perdues ; tous ces gentilshommes mystifiés, toutes ces femmes humiliées, toute cette population enfin rançonnée, bafouée, tyrannisée par cette fausse grande dame tombant de son piédestal, poussa un seul et même cri de vengeance.

Par une providentielle coïncidence, un navire, arrivé dans l'après-midi, avait apporté des lettres qui confirmaient toutes les révélations de Dubost, racontaient l'origine de madame de Saint-Chamans et les excuses de ceux qui avaient involontairement aidé à cette mystification. Le maréchal d'Estrées accusait M. de Lamoignon d'avoir surpris sa bonne foi, et prévenait le marquis de la Varenne des projets complotés entre le président et la comtesse en faveur de Clermont, dans le but de s'emparer de la colonie.

La populace s'était portée en masse sur la maison de Claudine, et l'avait démolie après en avoir incendié le luxueux mobilier.

Maubrac entra dans Saint-Pierre au moment même de ce soulèvement général. Reconnu par quelques personnes, il fut obligé de se frayer un passage l'épée à la main, et gagna l'*ajoupa* où sa sœur attendait avec impatience l'arrivée de Fabulé, qu'elle s'étonnait de n'avoir point vu répondre à son appel. Elle ignorait qu'à ce moment-là Fabulé était déjà emprisonné avec Macandal.

Maubrac lui raconta la fuite de Dubost et les événements qui se passaient à Saint-Pierre.

— Nous n'avons qu'une chance de salut, lui dit-il, c'est de nous réfugier auprès de Fabulé, et de nous défendre avec lui jusqu'à la dernière goutte de notre sang.

— Partons ! répondit la comtesse en s'enveloppant dans sa mante.

Il y avait dans son geste, dans son regard, dans son accent une résolution qui fit frissonner Maubrac.

— Partons ! répéta celui-ci, et prenant sa sœur entre ses bras, il l'entraîna au milieu des bois.

— Marchons vite, mon frère ; il me semble toujours que ces damnés colons sont à notre poursuite ! Oh ! maudit Dubost ! maudit Du Buc ! N'avoir pu les tuer ni l'un ni l'autre assez à temps !

Claudine rugissait en prononçant ces dernières paroles. La difficulté des chemins et la fatigue ne l'arrêtaient pas ; elle marchait toujours, haletante, épuisée, trouvant de nouvelles forces dans le but qu'elle poursuivait.

Par moment elle s'écriait avec un accent de rage, sans interrompre sa course :

— Oh ! qu'ils tremblent, ces colons, quand ils verront tomber comme une avalanche sur leur ville et sur leurs propriétés, les nègres conduits par moi, et toi aussi à leur tête, n'est-ce pas, Maubrac ? Et cette Antillia, je l'étranglerai entre mes dix doigts ! Ce sera ma première victime.

Claudine et Maubrac pénétrèrent dans le camp, à peu près en même temps qu'y arriva le nègre qui avait aidé Macandal dans sa lutte contre Fabulé. Ils apprirent à la fois ce lugubre incident qui déroutait leurs projets, et aussi la fuite d'Antillia. Tout semblait échapper du même coup à Claudine. Un instant elle perdit courage et espoir, et tomba dans un sombre abattement.

Le récit du nègre complice de Macandal avait vivement impressionné ses compagnons ; ils comptaient sur le retour de Macandal pour prendre le commandement de leur bande, et sans savoir précisément à quelles conquêtes le mulâtre pouvait les conduire, ils entrevoyaient des entreprises nouvelles et extraordinaires.

— Ceux-là encore nous échapperont, murmura Claudine en joignant les mains de désespoir.

— Non, reprit Maubrac que son sang-froid n'avait point abandonné, et attirant à l'écart sa sœur que les nègres commençaient à regarder avec défiance, rappelle ton courage, Claudine, lui dit-il; tu sais bien le serment que Fabulé a fait jurer dans mon ajoupa aux marrons qui l'accompagnaient...

— C'est vrai, dit Claudine en se ranimant.

— Eh bien, l'heure est venue d'invoquer ce serment. Tu vois bien que ces bandits-là ne demandent que combats et pillages...

— Après?

— En vérité, ma sœur, je ne te reconnais plus! Qu'as-tu donc fait de ton énergie et de ton intelligence? Ces nègres ne t'avaient-ils pas juré de t'obéir comme à Fabulé lui-même?

— Oui.

— De te suivre partout; de marcher où tu leur dirais d'aller?

— Oui! oui!...

— Eh bien! Claudine, nous sommes perdus, tu le sais bien; il faut donc jouer nos dernières ressources plutôt que de risquer une mort honteuse et de tomber dans le piége de la vengeance des colons.

— Que comptes-tu faire? demanda Claudine.

— Viens, et rappelle à ton secours toute ton énergie.

Maubrac, prenant sa sœur par le bras, la conduisit, au milieu du groupe des nègres qui délibéraient sur la conduite à tenir en l'absence de leur chef, dont ils ignoraient le sort, et dans l'attente de Macandal qu'ils souhaitaient de voir revenir.

— Mes amis, dit Maubrac, est-ce que vous songez à demeurer dans l'inaction où vous voilà, pendant que la colonie est en feu, pendant que les blancs d'un côté et vos camarades de l'autre, sont sous les armes? Que vous manque-t-il pour vous décider à prendre parti dans cette mêlée qui se prépare? Un chef, n'est-ce pas?

— Oui! oui! cria toute la bande.

— Vous n'avez pas l'intention, n'est-ce pas, de vous mettre du côté des colons pour exterminer la troupe de Macandal? Elle est composée de vos frères, des nègres comme vous, comme vous des ennemis et des martyrs des créoles.

— Hourrah! hurlèrent les marrons en brandissant leurs *bangalas*.

— Eh bien, le chef qui vous manque, le voici! et Maubrac poussa Claudine au milieu du groupe.

Cette dame, reprit-il, est la comtesse de Saint-Chamans, l'ancienne amie du gouverneur. Elle est connue de quelques-uns de vous, de toi, fit Maubrac, en s'adressant à un des nègres, et de toi aussi, en en interpellant un second. Vous étiez avec Fabulé dans mon ajoupa une nuit que la comtesse s'y trouvait. Fabulé vous a ordonné de la reconnaître et de lui prêter secours en toutes occasions. Vous êtes tombés à ses pieds et vous lui avez juré que vous lui obéiriez comme à votre capitaine. Vous en souvenez-vous?

— Oui ! oui !

— Cette dame qui est l'amie des nègres et l'ennemie des colons, vous demande de marcher au secours du camp de Macandal, que les créoles veulent détruire. Elle vous promet le pillage des habitations.

— Hourrah pour la comtesse !

Un formidable cri avait répondu à l'appel de Maubrac. Claudine, émue et électrisée à la fois par l'allocution de son frère, comprenant enfin le parti qu'il y avait à tirer de la situation désespérée où elle se trouvait, saisit d'une main ferme l'épée de Maubrac :

— Aux armes! cria-t-elle, et en route, mes amis !

— Vive le capitaine-comtesse ! hurlèrent les nègres, qui saisirent Claudine dans leurs bras et la portèrent en triomphe.

La troupe, armée de mousquets, de *bangalas*, d'arcs et de flèches caraïbes, se mit en marche, guidée par Maubrac qui la conduisait résolûment à la rencontre des colons.

Les nouveaux soldats de Claudine, par une précaution pleine de délicatesse, avaient chargé leur capitaine sur leurs épaules, afin de lui épargner les fatigues d'une route hérissée d'obstacles. Ils arrivèrent ainsi aux positions occupées par les blancs; ils les trouvèrent abandonnées. Le plus grand calme régnait dans le camp de Macandal, désert également.

— Ordonne-leur de marcher sur Saint-Pierre, murmura Maubrac à sa sœur. Ils sont ivres de toi, et iraient en enfer pour t'obéir.

Maubrac avait raison.

— A Saint-Pierre! à Saint-Pierre! répondirent les nègres au commandement de Claudine.

— Nous marchons à notre perte, dit la comtesse à Maubrac. Si nous sommes vaincus, c'est la mort qui nous attend...

— Soit! Mais si nous sommes les vainqueurs, la colonie nous appartient. C'est à toi de mettre le feu dans le cœur et dans l'âme de ces nègres.

Claudine, qui avait perdu son audace, était tombée tout à fait au pouvoir de son frère; elle courba la tête et lui répondit avec une humiliation qui intimida Maubrac un moment :

— Je ferai tout ce que tu voudras !

Deux larmes roulèrent sur ses joues qu'elle essuya promptement. L'aventurier ne put se défendre d'un sentiment d'émotion et de crainte à la fois.

— Je ne te reconnais plus, Claudine.

— Je n'ai plus de courage, mon frère ; je me sens vaincue à l'avance.

— As-tu peur ?

— Oui, j'éprouve de sinistres pressentiments; il me semble que l'heure de la justice est venue pour moi, et j'entends sonner dans mon cœur un glas funèbre...

— Veux-tu retourner sur tes pas ? demanda Maubrac d'une voix altérée, car les terreurs mystérieuses de sa sœur l'avaient gagné.

— Non, répondit Claudine, le sort en est jeté. Marchons donc !...

La troupe des nègres *marrons* n'était plus qu'à une portée de mousquet de Saint-Pierre. Ils avaient ménagé leur marche de manière à fondre sur la ville au milieu de la nuit, afin de profiter de l'épouvante qu'ils y jetteraient pour assurer leur victoire. Ils firent halte sur un des derniers revers de la montagne Pelée, pour prendre les dispositions de combat.

De l'éminence où ils étaient et qui dominait Saint-Pierre, Maubrac et Claudine remarquèrent un mouvement sinistre et inaccoutumé dans la ville, dont les rues étaient sillonnées par des masses de lumières errantes.

Un vague bruit d'armes monta jusqu'à eux, puis tout à coup les rues rentrèrent dans l'obscurité la plus complète, et toutes les lumières se groupèrent le long du rivage. Ils crurent voir alors une embarcation chargée de troupes se diriger vers le large pour accoster un navire dont les voiles étaient à moitié larguées et qui n'attendait qu'un signal pour lever l'ancre. Claudine et Maubrac se regardèrent et se serrèrent la main sans prononcer une parole.

A quelques pas d'eux s'accomplissait un drame dans lequel ils devinaient qu'un rôle leur était évidemment réservé.

— Veux-tu, demanda enfin Maubrac que nous retournions au camp?

— Oui, répondit Claudine; en tout cas éloignons-nous de Saint-Pierre, qu'il ne nous serait pas possible de surprendre cette nuit. Toute la population est sous les armes.

— Peut-être, murmura Maubrac, ce navire qui vient de lever l'ancre et qui va se perdre dans les brumes de l'horizon, emporte-t-il dans ses flancs notre triomphe ou notre honte !

— Que se passe-t-il donc ?

— Demain nous le saurons.

La troupe des *marrons* fit retraite dans la montagne, et sans retourner au camp de Fabulé, elle trouva un abri sûr qui la maintenait à une assez bonne distance de Saint-Pierre, pour pouvoir exécuter son plan d'attaque dès que l'occasion serait favorable.

XVII

Le lecteur se souvient peut-être de la surprise mêlée de douleur qu'avait éprouvée Henri en apprenant le départ de Macandal pour le camp de Fabulé. Convaincu, dès ce moment, de l'innocence du mulâtre et assuré du dévouement des nègres qui composaient le bataillon de ce chef, il résolut d'arrêter les poursuites dont ils étaient victimes et de décider les colons à marcher contre Fabulé.

Il se dirigea donc vers le camp des blancs qui poussèrent des cris d'étonnement en le voyant arriver par des chemins où leur courage n'avait pu pénétrer. Henri refusa de répondre à toutes les questions avant d'avoir vu et serré entre ses bras Du Buc. Il entraîna ensuite son cousin dans un lieu écarté pour lui rapporter les révélations qu'il tenait de madame de Saint-Chamans, les projets de la Varenne, sa complicité dans le double crime qui avait jeté le deuil dans leur famille, et enfin l'innocence de Macandal dont il raconta la disparition.

— Ce marquis de la Varenne est un fier coquin! s'écria Du Buc. Ses crimes dépassent notre patience.

— Que faut-il que nous fassions?

— En finir avec lui. Ah! je vous l'avais bien dit, mon cher Henri, que la présence de cet homme préparait de sombres jours à notre pays! Mon plan est bien arrêté : ce n'est pas d'aujourd'hui que j'y ai songé... Attendez-moi ici un instant.

Du Buc s'éloigna, puis revint, ramenant avec lui quelques officiers des compagnies.

— Tenons-nous à l'écart, leur dit-il, et délibérons sur la résolution que je vais vous soumettre; mais rappelez-vous que nous sommes avant tout soldats, que nous n'avons ni le loisir ni l'habitude des longs discours, et prouvons notre force par des actes rapidement conçus, rapidement exécutés.

Du Buc rappela brièvement toute la conduite de la Varenne, depuis son arrivée à la Martinique; son despotisme, ses exactions, sa mauvaise administration, et finalement les deux crimes qui avaient couronné l'œuvre.

— Il n'est pas un de vous, messieurs, continua-t-il, qui n'ait à se plaindre du marquis; pas un de vous qui n'ait à demander justice contre lui.

— C'est vrai! répondit un chœur de voix.

— Moi... commença l'un des officiers.

— Vous, comme les autres, mon cher de Malherbe, interrompit Du Buc ; vous avez été, je n'en doute pas, lésé ou insulté, peut-être même les deux choses à la fois. Il n'est pas besoin d'énumérer vos griefs, gardez-les pour les jeter à la face de ce maudit homme quand nous allons nous trouver en sa présence tout à l'heure. Il s'agit donc, messieurs, de tenter courageusement un acte téméraire et violent, en vue de rendre la paix à cette colonie et de la conserver au roi.

Un frisson courut parmi ce groupe, qui se serra autour de Du Buc, dont la voix baissait au fur et à mesure qu'il touchait à la conclusion de son discours.

— Dans la situation où nous sommes, messieurs, continua le jeune créole, de ne pouvoir demander justice au roi, il faut nous faire justice nous-mêmes, en arrêtant le marquis et en l'embarquant pour la France.

Cette résolution énergique et extrême parut si grave, que les assistants se regardèrent sans proférer une parole.

— Hésiteriez-vous ? continua Du Buc.

— Non pas, répondit M. de Malherbe, mais... qui osera mettre la main sur M. de la Varenne, représentant du roi ?... C'est un attentat à la personne même de Sa Majesté.

— Ce sera moi qui oserai l'arrêter ! s'écria d'Autanne, et je le ferai en protestant de mon respect que vous savez tous pour S. M. le roi. Craignez-vous de vous compromettre, messieurs ? Eh bien, retirez-vous et laissez faire Du Buc et moi, c'est tout ce que je vous demande. Que ceux qui veulent être des nôtres le disent donc !

— Tous ! tous !

— En avant, alors !

Henri avait fait quelques pas, et le groupe s'apprêtait à le suivre. Du Buc les rappela du geste.

— Ce serait un prisonnier difficile à garder que M. de la Varenne ; il faut donc songer à l'embarquer au plus tôt et sous bonne garde. Qui de vous connaît assez le capitaine de quelqu'un des bâtiments mouillés en rade de Saint-Pierre pour s'assurer de son dévouement ?

— Moi, répondit un des officiers ; le capitaine Bernard Favre, qui commande le *Gédéon*, est mon frère de lait. Ce que je lui dirai de faire, il le fera ; et quand nous aurons sa parole, vous pourrez compter sur lui comme sur vous-même, M. Du Buc.

— Eh bien ! reprit celui-ci, partez pour Saint-Pierre, monsieur de Montfort, ordonnez au capitaine Favre de mettre son navire sous voiles et de se tenir prêt à prendre le large. Vous, M. de Cornette, continua Du Buc en s'adressant à un autre officier, vous êtes bien sûr, n'est-ce pas, de l'obéissance de votre compagnie de grenadiers?

— Parfaitement sûr, monsieur.

— Alors, partez, partez également pour Saint-Pierre ; assemblez votre compagnie en armes. Vos grenadiers, embarqués sur un autre navire, accompagneront, le mousquet au poing, le *Gédéon* jusqu'au débouquement des îles.

— Quant à nous, messieurs, par notre audace et par notre courage, imposons aux troupes et aux milices qui gardent le camp ; ne laissons pas le temps aux timides d'hésiter et à ceux qui s'opposeraient à notre tentative, répondons avec l'épée et le pistolet.

Henri et Du Buc en tête, le groupe des officiers se dirigea vers l'ajoupa qui servait de quartier général au gouverneur. La gravité de leur marche, l'émotion inévitablement empreinte sur leur visage, impressionnèrent tous ceux qui les virent passer.

Quelques-uns les questionnèrent sur la cause d'une si imposante et si solennelle attitude. Ils gardèrent le silence, ou quand ils rencontraient des visages amis, ils répondaient :

— Accompagnez-nous, et vous verrez !

Si peu long que fût le trajet, ce groupe composé d'abord de huit ou dix personnes, qui allaient accomplir en effet l'acte le plus hardi et le plus insolent qu'il fût possible de concevoir, se trouva considérablement grossi en arrivant à la porte de l'ajoupa. Quelques confidences à mots couverts avaient échappé à Du Buc et à Henri ; la hardiesse du plan séduisit quelques-uns. Les timides et les prudents, tout en souhaitant le succès, s'étaient écartés et confondus dans la foule des simples curieux, qui suivaient à distance, dans l'attente de quelque grave événement.

Henri et Du Buc franchirent le seuil de l'ajoupa où était la Varenne.

— Monsieur le marquis, dit Henri, rendez-moi votre épée ; vous êtes prisonnier.

— Prisonnier ! s'écria de la Varenne, et de qui, monsieur ?

— Des colons, représentés ici par M. Du Buc et par moi. Rendez donc votre épée.

La Varenne tira son épée, et s'appuyant sur la garde :

— Si vous représentez les colons, moi je représente le roi à qui vous devez respect et obéissance. Au nom du roi, éloignez-vous.

Henri et Du Buc tirèrent également leurs épées :

— Toute résistance serait inutile, monsieur le marquis, rendez-vous.

— A moi ! mes officiers ! cria le marquis en s'avançant l'épée haute sur Henri, qui croisa son fer avec celui de la Varenne ; à moi mes soldats !

Aucun des officiers n'ayant bougé de sa place,

les soldats demeurèrent immobiles. La Varenne poussa un cri de rage.

— Vous ne m'aurez pas vivant! dit-il. En garde, monsieur !

Ce combat pouvait être évité. Il eût été aisé à cette foule de mécontents, victorieuse sans lutte, d'achever son œuvre en enlevant la Varenne ; mais deux épées étaient croisées. Les spectateurs de ce duel, officiers ou colons, sentaient trop ce que l'on doit au courage qui se défend. Loin d'arrêter ce combat, ils s'écartèrent et laissèrent le champ libre.

— A votre aise, répondit Henri à l'interpellation de la Varenne. Et vous ne sauriez croire le prix que j'attache à tenir mon épée devant votre cœur.

La lutte devint furieuse. Les éclairs jaillissaient des deux épées qui voltigeaient dans l'air, avec une rapidité effrayante, tantôt s'avançant jusqu'à effleurer la poitrine des adversaires, tantôt se ramassant en leurs mains, menaçantes et immobiles pendant quelques secondes. Le silence le plus complet régnait dans l'assistance ; on n'entendait que le souffle haletant des deux combattants et le cliquetis de leurs armes. Tout à coup Henri, en bondissant sur son adversaire, dont la poitrine découverte semblait défier son adresse, rencontra l'épée de la Varenne qui lui traversa le corps. Le jeune créole tomba dans les bras de ses amis.

— Vengez-moi !.... Sauvez la colonie !.... murmura-t-il ; puis rassemblant ses forces dernières, il cria : Vive le roi !...

L'épée qu'il tenait encore s'échappa de sa main ; il poussa un râle et expira.

— C'est assez, messieurs, fit la Varenne. Rentrez dans l'ordre : je vous l'ordonne au nom du roi...

Du Buc abandonnant le cadavre de son cousin, tira l'épée à son tour et marchant sur la Varenne :

— Mieux vaut le sort de ce jeune homme, s'écria-t-il, si nous devons vivre sous votre despotisme. En garde, monsieur !

— Que cela finisse ! hurlèrent des voix dans la foule, que cela finisse !

Sans que personne s'y opposât, quatre colons de la milice s'avancèrent, saisirent Du Buc par le milieu du corps, et le repoussant en se plaçant devant lui :

— C'est trop du meilleur de notre sang créole pour un pareil coquin ! s'écrièrent-ils.

Et s'adressant à la Varenne :

— Rendez votre épée ! vous voyez bien que ni officiers, ni soldats, ni colons ne songent à vous défendre !

Et se ruant sur le marquis, ils lui arrachèrent son épée qu'ils brisèrent.

— Maintenant, dit l'un d'eux, si vous voulez savoir nos noms et les coucher sur vos tablettes, je m'appelle Cattier ; mes complices se nomment Dolange, Bélair et Labat.

Puis, prenant la Varenne par le bras, Cattier ajouta :

— Vous êtes prisonnier, et nous vous arrêtons parce que, depuis votre arrivée ici, vous nous avez insultés dans tout ce que nous avons de plus sacré : dans notre honneur, dans notre religion, dans nos femmes. Vous avez forfait aux instructions paternelles du roi ; vous avez opprimé les gens de bien, vous avez jeté d'honnêtes colons dans les cachots, comme des malfaiteurs ; vous avez détruit le commerce ; vous avez amené la famine dans ce pays ; vous avez pressuré nos fortunes pour gorger de luxe une intrigante et une aventurière ; vous avez pactisé avec les esclaves *marrons*, et vous avez soufflé la révolte parmi nos nègres ; vous avez fait assassiner le chevalier d'Autanne ; vous avez fait enlever sa fille, et, pour couronner l'œuvre, vous venez de tuer son fils ! Le roi, dont vous invoquiez le nom, ne vous le pardonnera pas, et nous autres, nous vous punirons ! Voilà votre prisonnier, monsieur Du Buc, prononcez sur son sort, nous vous approuvons à l'avance. Y a-t-il ici quelqu'un qui me démente ?

Un tonnerre d'applaudissements couvrit la voix de Cattier. La Varenne tenta de se justifier ; des cris d'indignation lui coupèrent la parole. Du Buc s'avança vers lui.

— C'est au roi lui-même que vous rendrez compte de votre conduite, monsieur ! lui dit-il. Ce soir, vous partirez pour la France.

Les troupes se mirent en marche sur Saint-Pierre. La Varenne était sous la garde spéciale de Cattier, de Labat, de Bélair et de Dolange qui lui faisaient escorte le pistolet au poing. Une fois il voulut haranguer les soldats :

— Si vous prononcez une parole, si vous faites un geste, lui dit Cattier, je vous fais sauter la cervelle.

En arrivant à Saint-Pierre, Du Buc trouva le capitaine Favre qui attendait ses ordres ; le *Gédéon* était prêt à lever l'ancre. La population tout entière accompagna La Varenne jusqu'au rivage. La compagnie de grenadiers commandée par de Cornette fut embarquée, pour accompagner le *Gédéon* jusqu'au débouquement des îles, avec ordre de fusiller La Varenne et le capitaine Favre s'il essayait de débarquer, sur un point de la Martinique ou de toute autre île.

C'est au spectacle de l'embarquement de La Varenne que Claudine et Maubrac avaient assisté pendant la nuit où nous les avons vus errer comme des oiseaux de proie autour de Saint-Pierre.

La nouvelle des événements que nous venons de raconter s'était répandue dans la colonie où ils avaient excité d'unanimes applaudissements ; elle était également parvenue aux nègres de Macandal et à la troupe de Fabulé, alors sous les ordres de la comtesse et de son frère.

La défaite honteuse de La Varenne acheva de jeter le désespoir dans l'esprit de Claudine, en lui enlevant la dernière chance de salut qui lui restât. Le triomphe de Du Buc souleva en même temps en elle un ardent désir de vengeance contre le jeune créole qu'elle accusait d'être le seul auteur de son humiliation.

Maubrac qui, de son côté, voyait détruit à jamais son rêve de fortune, enflamma les idées de sa sœur à l'endroit d'une tentative suprême que pouvait favoriser la situation de la Martinique, privée de son chef légitime et en proie encore aux tourmentes d'une tempête révolutionnaire.

Ils résolurent, d'un commun accord, de saper le pouvoir transitoire de Du Buc et de le présenter comme un usurpateur exposé à toutes les sévérités du gouvernement royal. Ils songèrent, encore une fois, à ce malheureux Clermont qui n'enviait rien tant que l'obscurité et l'oubli, surtout depuis les derniers événements qui avaient failli lui coûter la vie. Maubrac se chargea de revoir ses amis du Prêcheur, que le mouvement insurrectionnel de la veille avait remis en goût d'aventures, pendant que Claudine ferait comprendre aux nègres qu'elle commandait l'avantage pour eux d'appuyer ce soulèvement.

Elle n'eut pas de peine à triompher de leurs scrupules lorsqu'elle leur annonça que, par une faveur spéciale et inique, Du Buc avait proclamé l'amnistie pour les nègres de Macandal, en les laissant, eux, sous le coup des poursuites et des vengeances de la loi. Maubrac n'avait pas moins bien réussi dans ses démarches auprès de ses amis, gens prêts à tous les coups de main. Ils avaient aidé à la chute de la Varenne, ils ne demandaient pas mieux que de tremper encore dans une émeute contre le vainqueur de la veille.

A l'heure dite, ils se trouvèrent donc réunis à Claudine et à Maubrac.

Les nègres, échauffés par l'eau-de-vie et le tafia qu'on leur avait prodigués, les aventuriers, excités par le mirage d'une victoire dont ils ne prévoyaient pas les suites, se mirent en route pendant la nuit et fondirent sur Saint-Pierre aux cris de : Vive du Parquet de Clermont! assassinant tous ceux qui leur opposaient de la résistance et promenant déjà leurs torches incendiaires sur les maisons de la ville.

Ce nom de du Parquet, dont le prestige était toujours immense sur les colons, trouva d'abord de l'écho dans la population, qui ne se rendit pas compte tout de suite à quelle troupe de bandits ce nom vénéré servait de drapeau.

De tous les points de la ville le cri de : Vive du Parquet ! s'éleva dans un chœur formidable. Chacun de ceux qui le poussaient croyait appuyer la cause qui avait triomphé la veille, et protéger l'indépendance des créoles contre quelque surprise de la part des partisans de La Varenne, ou même contre le retour du marquis.

Mais dès que la première émotion fut passée, dès que les émeutiers eurent montré leurs visages noirs et que les premières lueurs de l'incendie eurent éclairé la ville, les troupes et les milices appelées sous les armes commencèrent aux cris de : Vive le roi ! de vigoureuses charges contre ces assassins, ces pillards et ces incendiaires. Les nègres de Macandal, avertis de ces événements, descendirent à leur tour en ville, mais pour se ranger du côté des blancs, avec les Caraïbes qui avaient ramené Antillia.

Les rues de Saint-Pierre étaient devenues un champ de carnage; les nègres de Macandal et de Fabulé, qui seuls pouvaient se distinguer entre eux, se cherchaient au milieu de cette mêlée dégoûtante, et leurs rencontres étaient d'effrayants combats corps à corps, auxquels les blancs n'osaient prendre part de peur de se tromper d'amis ou d'ennemis.

Chacun s'était attribué son rôle dans cette lutte et dans ce massacre. Maubrac était en quête de Clermont pour le promener comme un drapeau à la tête de l'émeute. Claudine, que la vengeance et le désespoir de sa situation avaient rendue ivre, s'était attachée à ne rencontrer que Du Buc, cet objet de sa haine profonde et tenace ; elle l'appelait à grands cris, et, un poignard dans chaque main, bravait la mort avec un courage héroïque pour arriver au jeune créole.

Maubrac fut plus heureux ; c'est à lui qu'échut l'honneur de cette rencontre. Du Buc, en l'apercevant, courut au-devant de l'aventurier. Tout d'abord il dédaigna de tirer l'épée contre ce misérable, et lui lâcha un coup de pistolet dont la balle effleura l'épaule de Maubrac.

— Lâche ! cria celui-ci, as-tu donc peur de te mesurer avec moi ?

Il s'élança sur Du Buc, l'épée haute. Le jeune créole rentra la sienne au fourreau.

— Cette arme est trop noble pour les gens de ton espèce ! lui répondit-il.

Et, arrachant des mains d'un soldat un mousquet, il s'en fit une massue avec laquelle il asséna deux coups vigoureux sur la tête de Maubrac. L'aventurier roula sur le sol.

— Ramassez ce misérable, dit-il à ceux qui étaient près de lui. Vivant ou mort, mettez-le en un lieu sûr où je puisse le retrouver.

Claudine débouchait par l'extrémité d'une rue au moment même où son frère tombait frappé par Du Buc. Elle poussa un cri de joie féroce en apercevant le créole, et se jeta sur lui comme une lionne.

Du Buc, qui répugnait à se mettre en défense armée contre une femme, se contenta d'étendre les deux bras pour s'emparer d'elle; mais le choc avait été si violent qu'il chancela, entraînant Claudine dans sa chute. Celle-ci, profitant de cet avantage passager sur son ennemi, levait la main pour frapper, lorsque deux bras vigoureux la saisirent, et l'enlevèrent.

— Je te tiens donc enfin, infâme coquine! s'écria une voix qui fit frissonner Claudine, et ses doigts lâchèrent les deux poignards.

Cette voix était celle de Dubost, qui, depuis le commencement du combat, avait traversé toutes les fusillades à la poursuite de sa femme.

Claudine, remise de sa première terreur, chercha à se débarrasser de l'étreinte de son mari; mais celui-ci, la saisissant par ses longs cheveux, la renversa par terre, et lui mettant le pied sur la poitrine :

— Où voulez-vous que je traîne cette misérable? demanda-t-il à Du Buc, à la potence ou à la mer?

Du Buc enleva Claudine des mains vengeresses de son mari.

— C'est à la justice de prononcer sur son sort, dit-il à Dubost. Qu'on la conduise en prison !

Dubost voulut faire escorte à sa femme jusqu'à la porte de la geôle, où il se constitua en sentinelle pour s'assurer qu'elle ne s'évaderait point.

La victoire — une sanglante victoire — resta aux troupes et aux colons. Les nègres et les aventuriers avaient levé pied en laissant sur le terrain bon nombre des leurs, morts ou prisonniers. Les Caraïbes se chargèrent de poursuivre les fuyards dans les bois, où il s'en fit un horrible massacre. Le procès de Claudine et de Maubrac ne fut pas long; la prétendue comtesse de Saint-Chamans, démasquée par les révélations de son mari et par les avis reçus de France, tenta de soutenir son rôle jusqu'au bout, et nia connaître Dubost.

Mais les renseignements envoyés par le maréchal d'Estrées, ainsi que nous l'avons dit, établissaient nettement la complicité de madame Dubost, dans le projet insensé conçu par le président Lamoignon de faire proclamer du Parquet de Clermont gouverneur, pour ensuite, au milieu des embarras que cet événement créerait à la France, proposer l'acquisition de la colonie.

En conséquence, accusée et convaincue d'usurpation de titres, de faux en écriture, d'escroqueries envers les négociants à qui elle avait extorqué des sommes considérables, d'exactions, de conspiration avec les esclaves *marrons*, Claudine fut condamnée à recevoir vingt-neuf coups de verge sur les épaules, à l'exposition publique avec le carcan au cou et à être traînée sur une claie.

Chacun de ces châtiments lui fut infligé, et elle expira pendant son dernier supplice entre les bras du bourreau. Quant à Maubrac, qui n'était point mort des deux coups de crosse de mousquet, il fut pendu en place publique.

Du Buc s'était vaillamment conduit pendant cette émeute. Le rêve que Claudine avait fait pour Clermont, Du Buc était donc à même de le réaliser à son profit. Il était le maître de la colonie ; il pouvait se fortifier dans ce pouvoir conquis à la pointe de son épée et par son courage : il ne le voulut point. Le lendemain même de sa victoire, il remit l'autorité aux mains du lieutenant gouverneur en lui disant :

— Je suis votre prisonnier, monsieur ; quel que soit le sentiment qui m'ait animé dans l'accomplissement de mon devoir, quel que soit le but que j'aie atteint, j'ai manqué à la personne du roi en violentant son représentant ici. Faites-moi conduire en France, monsieur, en coupable, je vous prie, pour que je rende compte de ma conduite à Sa Majesté. Au prix de ma liberté et même de ma vie, j'obtiendrai le pardon de ceux qui m'ont aidé dans l'œuvre à laquelle mon pays doit son repos, son indépendance et sa dignité.

Quelques jours après, Du Buc traversait les rues de Saint-Pierre, au milieu de l'immense cortége de toute la population. L'enthousiasme de la foule était contenu par le respect et l'attendrissement que lui imposait la présence de mademoiselle Antillia d'Autanne qui, vêtue de deuil, le visage pâle et émue, accompagnait son cousin.

Au moment où ils s'embarquèrent, de longs cris d'adieu et de sympathie les saluèrent.

Arrivé en France, Du Buc plaida éloquemment sa cause et celle de ses compatriotes. Le roi, inflexible d'abord, pardonna bientôt après ou adoucit les peines sévères infligées aux auteurs de cette révolution, qui a conservé dans l'histoire de la Martinique le nom de *Gaoulé* qu'elle emprunta à la langue des Caraïbes.

UN PRINCE DE MODÈNE

I

En 1748, le capitaine de vaisseau marquis de Caylus était gouverneur général de la Martinique et des îles du Vent. La France était, à cette époque, en pleine guerre avec l'Angleterre; les flottes ennemies ne cessaient de harceler nos colonies des Antilles.

L'incurie de la métropole, d'une part; de l'autre, l'administration tarée du marquis de Caylus tout entier aux soins de ses propres affaires, semblaient conspirer pour livrer ces belles et riches possessions à la convoitise de l'Angleterre.

Armes, soldats, subsides de tous genres, vivres même manquaient le plus souvent aux colons, qui s'en plaignaient amèrement et rendaient le gouverneur général responsable de leur détresse.

La Martinique, comme point important de ravitaillement et de relâche, était de toutes les îles celle que les Anglais ambitionnaient avec le plus d'ardeur. Déjà ils avaient tenté de s'en emparer; mais ils avaient bien été obligés de reconnaître, à la vigoureuse défense qu'on leur opposa, que le hasard, une surprise, ou des forces considérables dont ils ne disposaient pas alors, pouvaient seuls leur donner cette colonie.

En attendant, leurs flottes et leurs corsaires, qui battaient la mer des Antilles, empêchaient d'arriver jusqu'à la Martinique la plupart des trop faibles secours que, de temps à autre, la France daignait, — quand elle y songeait, — diriger sur ce point.

Depuis trois mois particulièrement, pas un seul navire français n'avait mouillé dans les ports de la colonie, et la disette y semblait imminente. Les prises que nos corsaires faisaient dans leurs courses ne suffisaient déjà plus aux besoins. Aussi fut-ce un jour de grande joie que celui où l'on aperçut un brick au pavillon français doublant le rocher placé en vedette à la droite de la rade de Saint-Pierre, et qu'on nomme la *Perle*.

Ce bâtiment avait fait partie d'un convoi de deux cent quarante-six voiles qu'escortait une petite escadre de huit vaisseaux et deux frégates commandée par d'Etanduère. Surpris en mer par une flotte de vingt vaisseaux anglais, d'Etanduère avait, malgré l'infériorité de ses forces, livré un combat inégal pour faciliter la fuite à son convoi. Mais l'ennemi avait deviné la ruse; et comme il entrait plus dans la politique et dans l'intérêt des Anglais de capturer les navires chargés de denrées que de remporter sur notre petite escadre une victoire qui leur semblait trop facile, ils se contentèrent de causer quelques dommages à nos vaisseaux et prirent chasse contre le convoi; si bien que, des deux cent quarante-six voiles qui le composaient, une soixantaine au plus rallièrent les différents ports de nos îles. Le surplus devint la proie de l'ennemi.

Parmi ces derniers se trouvait le brick le *Coureur*, de la Rochelle, commandé par le capitaine Mondaire. L'équipage français avait été enlevé et remplacé par un équipage anglais de dix matelots, chargé de conduire la prise à la Dominique. Sur le *Coureur* on avait laissé, toutefois, comme prisonniers, le capitaine Mondaire, un prêtre nommé l'abbé Desnoyers, un jeune homme qui paraissait un enfant, tant ses formes étaient grêles et délicates; — il s'appelait Rhodez; — enfin, un quatrième personnage avec qui il est nécessaire que nous fassions ample connaissance.

A bord du *Coureur*, on le connaissait sous le nom du comte de Tarneau, se disant fils d'un maréchal de camp. C'était un homme de vingt et un à vingt-deux ans, de taille moyenne, mais extrêmement élégant. La blancheur de ses mains et de son visage était remarquable, et eût fait envie à plus d'une femme. Il avait la beauté que rêvent les statuaires; à la grâce féminine il joignait une fierté toute martiale dans la façon de porter la tête. L'audace et l'intelligence brillaient dans son regard ; sa parole, quoique douce, avait le timbre de l'énergie et l'éloquence de l'entraînement; son geste était impérieux. On sentait en lui plus que l'homme qui cherche à dominer; on devinait l'homme né pour le commandement. Il inspirait involontairement le respect, mais en même temps appelait la sympathie, tant on le voyait bienveillant.

Dès les premiers jours de son arrivée à bord du *Coureur*, le comte de Tarneau avait affecté de s'entourer de mystère, se montrant peu communicatif et réservé à l'excès, mais d'ailleurs sans orgueil. Les autres passagers du brick lui avaient, dès l'abord, donné de grandes marques de déférence. Il les avait acceptées avec une reconnaissance qui laissait imperceptiblement voir qu'il y avait des droits.

Des doutes étaient déjà venus à plus d'un sur son identité, et l'on s'était maintes fois dit à l'oreille qu'il se pouvait bien que, sous ce nom de Tarneau, se cachât quelque personnage important. Les relations de Rhodez et de l'abbé Desnoyers avec lui n'avaient servi qu'à donner de la consistance à ces suppositions.

Tous trois s'embarquèrent isolément, et le rapprochement qui s'était opéré entre eux, après quelques jours de traversée, passait pour n'être dû qu'à une certaine conformité d'humeur et de sentiments que le hasard seul semblait leur avoir fait découvrir. Mais personne n'avait été dupe de cela.

Si l'abbé Desnoyers observait toujours à l'égard de Tarneau un respect absolu, le jeune Rhodez se laissait aller, peut-être involontairement, vis-à-vis du comte, à une quasi-familiarité qu'autorisait, pour ainsi dire, l'affection que lui marquait Tarneau. Il y avait dans leurs rapports quelque chose d'intime, de tendre et d'inquiet en même temps. Cela se pouvait, à la rigueur, attribuer à des convenances de caractère, à des sympathies personnelles et à l'égalité des âges.

Était-ce, en effet, par pur hasard que ces trois individus, attachés par des liens si mystérieux, s'étaient, après leur capture, trouvés réunis de nouveau à bord du même bâtiment avec le capitaine Mondaire, alors que leurs compagnons avaient été emmenés prisonniers sur d'autres navires?

Était-ce par le fait de cette loi de la fortune qui ménage toujours aux hommes exceptionnels des destinées exceptionnelles, et qui, pour assurer à leurs projets le succès où une éclatante défaite, fait tout ployer devant leurs désirs?

Était-ce enfin par condescendance à la prière qu'en avait adressée Tarneau aux Anglais, dans leur langue, qu'il parlait avec non moins de pureté que la langue française?

C'est ce que nous ne saurions dire encore.

Toujours est-il que les voilà tous quatre prisonniers sur leur propre bâtiment.

Du point où le *Coureur* avait été pris, à la Dominique où il devait se rendre, il y avait, avec la brise favorable qui soufflait, une traversée de deux à trois jours. De là à l'un des points quelconques des côtes de la Martinique, il y avait pour une nuit de belle navigation. Tarneau avait calculé tout cela. Il n'avait donc pas de temps à perdre pour l'exécution rapide du hardi projet qu'il avait conçu. Il était cinq heures de l'après-midi environ quand le vaisseau anglais qui avait capturé le *Coureur* regagna le large. A la tombée de la nuit, les flèches de ses mâts avaient complétement disparu à l'horizon, et, sur cet immense désert de vagues, on ne distinguait plus une seule voile.

Tarneau, nonchalamment adossé contre un des bastingages du brick, suivait avec une apparente indifférence tous les mouvements des marins anglais. Pas un de leurs gestes, pas une de leurs paroles n'avait échappé à son regard ni à son oreille. Tout à coup il vit un des matelots, le corps à moitié passé par un des panneaux de la cale, faire signe à deux de ses camarades qui se promenaient sur le pont, et, se penchant vers eux, il leur dit à voix basse :

— J'ai fait une belle trouvaille, amis.

— Qu'est-ce donc?

— Si le gosier vous en dit, descendez, et vous en jugerez.

Et il disparut dans les entrailles du navire, où le suivirent les deux matelots qu'il avait appelés, puis trois autres qui, à moitié endormis déjà sur le pont, avaient tout entendu.

— C'est bon, pensa Tarneau en les voyant descendre, en voilà qui dans un moment ne seront plus à craindre.

Il feignit d'abord de ne s'être aperçu de rien et n'abandonna sa position près du bastingage qu'au bout de quelques instants, pour passer en se promenant devant le panneau de la cale; il saisit alors, comme au vol, un léger bruit de verres qui s'entrechoquaient et des paroles dites à voix couverte.

— Je ne m'étais pas trompé, murmura-t-il.

Il continua sa promenade, puis revint quelques minutes après devant le panneau de la cale. Cette fois, il n'entendit plus rien, ni choc de verres, ni paroles échangées. Il descendit alors dans la chambre où dormaient ses trois compagnons. Il s'approcha de Mondaire, le réveilla avec précaution, et se penchant à son oreille :

— Debout, capitaine ! lui dit-il ; le bâtiment est à nous.

Mondaire avait assez d'expérience pour n'avoir pas besoin de plus amples explications. Il se leva et répondit :

— Je suis prêt. Où faut-il aller ? Sur le pont ?

— Oui, fit Tarneau en inclinant la tête.

Il regarda en souriant Rhodez, qui dormait comme on dort à seize ans, au milieu même du danger. Il ne voulut point troubler ce sommeil et se dirigea vers l'abbé Desnoyers qu'il secoua doucement, et se contenta de lui faire un signe. Le prêtre rejoignit sur le pont le capitaine Mondaire, qui s'était tout d'abord dirigé vers la boussole. Il avait parfaitement compris que, quoi qu'il dût arriver, son poste était là, à lui capitaine.

Desnoyers se tenait aux côtés de Tarneau, l'œil fixé sur le sien comme pour chercher la pensée dans son regard. Des quatre marins anglais qui restaient, l'un était au gouvernail, les trois autres se promenaient sur l'avant. Profitant d'un moment où ils leur tournaient le dos, Tarneau montra du doigt à Desnoyers deux barres de cabestan qui étaient à portée de leurs mains, et lui dit :

— Allons !

A ce mot, ils s'élancèrent. Leurs armes s'abattirent comme des massues, et deux des matelots tombèrent le crâne fendu. Le troisième marin et le timonier poussèrent un horrible juron, en se ruant sur Tarneau et Desnoyers. Mondaire, lui, s'était emparé du gouvernail abandonné. Rhodez, éveillé en sursaut, accourait sur le pont en même temps que deux des six autres matelots cherchaient à sortir de la cale. La lutte menaçait de n'être plus égale. Mondaire ne pouvait abandonner son poste ; le vent soufflait à pleines voiles, et si le brick n'avait été maintenu en route, la mâture eût été fracassée. Déjà l'adversaire de Tarneau prenait le dessus. Acculé contre un des mâts, le jeune comte se défendait en lion ; mais un coup de hache qui l'avait atteint au bras gauche affaiblissait sa défense.

— A moi, Rhodez! cria-t-il en apercevant le jeune homme, à moi!

Rhodez eut une de ces subites idées qui tiennent de l'inspiration ; il arracha de la ceinture de l'un des deux matelots ivres qui venaient de poser le pied sur le pont, un long couteau, et, se jetant avec une téméraire bravoure sur l'adversaire de Tarneau, il lui enfonça l'arme dans les reins avec une vigueur que le désespoir seul pouvait avoir donnée à ses frêles mains.

L'Anglais poussa un cri horrible, et, en tombant,

alla se briser contre un croc d'ancre. Desnoyers et Tarneau eurent bientôt mis hors de combat le seul adversaire qui luttât encore. Quant aux deux matelots ivres, l'imminence du danger avait rapidement chassé de leur cerveau les fumées du vin. Ils commençaient à se raffermir sur leurs jambes. Mais avant qu'ils eussent le temps de reprendre leur équilibre, le comte et l'abbé les avaient fait sauter par-dessus le bord.

— Assez de sang comme cela ! s'écria Tarneau ; si les quatre autres ne sont pas venus chercher la mort, c'est qu'ils sont ivres à ne pouvoir bouger.

Il s'engouffra alors dans la cale, suivi de ses deux compagnons. Les quatre matelots dormaient en effet près d'une barrique d'eau-de-vie. Ils les garrottèrent aux quatre membres, et remontèrent sur le pont, où Mondaire tenait toujours la barre.

— La brise est bonne, la mer est belle, cria le capitaine ; demain matin nous serons à la Martinique.

Il commanda quelques manœuvres que Tarneau et l'abbé, haletants, émus de leur lutte, exécutèrent péniblement.

Toute la nuit le vent souffla avec force, et le lendemain, au lever du jour, en même temps que les côtes de la Martinique, ils aperçurent à l'horizon un bâtiment fin voilier que chaque bond des lames semblait pousser vers eux. L'œil exercé de Mondaire reconnut bien vite dans ce bâtiment un corsaire anglais qui leur donnait la chasse. Il eût été facile de l'éviter par une série de manœuvres qui eussent permis, en remontant dans le vent, de doubler la pointe de la *Perle*, et de venir mouiller en rade de Saint-Pierre; mais les forces épuisées et l'inhabileté de Tarneau et de Desnoyers ne donnaient aucune chance de succès de ce côté.

— A la grâce de Dieu, alors! murmura le vieux capitaine, et, se laissant porter par le vent, il gouverna pour rallier l'autre extrémité de l'île, de manière à entrer dans la baie du Fort-Royal, en doublant le *Diamant*, autre rocher qui est au Fort-Royal ce que la *Perle* est à Saint-Pierre. Cela donnait un très-grand avantage au corsaire, qui manœuvra de façon à couper le passage au brick français. Bientôt les deux bâtiments ne se trouvèrent plus guère qu'à portée de canon.

— Nous sommes masqués! cria Mondaire, il n'y faut plus songer; mais si nous ne pouvons sauver le brick, au moins ne nous laissons pas prendre, car on nous ferait courir une drôle de bordée.

En ce moment-là même, un boulet venait de passer à travers la mâture.

Le capitaine mit alors le cap sur la côte, et quelques instants après, le *Coureur*, donnant en plein sable, s'affaissa sur le flanc droit. Le corsaire voyant sa proie lui échapper, car il eût été imprudent à lui de s'aventurer si près de terre, vira de bord et regagna le large.

La manœuvre du brick français avait été aperçue du rivage ; dix embarcations immédiatement mises à la mer pour venir à son secours arrivèrent à temps, car les lames balayaient déjà le pont, et le bâtiment menaçait de s'engloutir. On sauva presque toute la cargaison, et nos quatre passagers abordèrent la petite baie du Marin, ainsi appelée du nom d'un des quartiers de l'île.

II

En posant le pied sur le rivage, Tarneau étreignit dans sa main le bras de l'abbé Desnoyers, et échangea avec lui un étrange regard qui semblait dire : Nous voici à l'aurore du succès. Le ciel est pour nous !...

Le récit de leur glorieuse campagne excita autour des nouveaux venus les témoignages les plus éclatants de sympathie et d'admiration, et l'on se disputa à qui leur offrirait cette cordiale et fastueuse hospitalité qui, de tout temps, a été l'honneur des habitants de nos Antilles.

Duval-Férol (1), l'un des plus riches et des plus

(1) Tous les noms que je cite dans ce récit sont historiques.

considérables personnages du Marin, fut l'hôte privilégié dont la maison s'ouvrit aux passagers et au capitaine du brick *le Coureur.*

Quand le soir fut venu, Tarneau, ayant obtenu de rester seul avec ses compagnons, s'enferma dans la chambre de Desnoyers ; Rhodez, lui, s'était retiré dans la sienne. Avant de s'adresser la parole, le jeune comte et l'abbé écoutèrent et regardèrent bien si aucun œil indiscret, si aucune oreille curieuse ne les épiait, et, cela fait, ils se jetèrent dans les bras l'un de l'autre et s'y pressèrent avec effusion.

— Dieu soit loué ! s'écria le comte, ma destinée s'accomplira.

— Ma foi ! murmura l'abbé, quand on revient de si loin, on peut tout tenter, tout oser, tout braver !

— A la condition, toutefois, qu'on sera prudent, ajouta Tarneau.

Et, comme pour donner plus de poids à ces paroles qu'il venait de prononcer bien évidemment à l'adresse de l'abbé, il inspecta de nouveau les alentours de la pièce pour s'assurer que personne ne pouvait les entendre. Puis ils s'assirent à côté l'un de l'autre et causèrent pendant longtemps à voix très-basse.

La suite de cette histoire fera connaître de quelle nature avait pu être cette conversation.

Après une heure environ, ils se séparèrent en se serrant cordialement la main, pour la première fois depuis leur départ de la Rochelle, c'est-à-dire depuis près de deux mois.

Ces deux hommes rompaient la contrainte qu'ils s'étaient imposée.

Tarneau se dirigea alors vers la chambre qu'occupait Rhodez.

Il frappa deux légers coups contre la serrure, et la porte s'ouvrit. Il poussa un cri d'admiration et de joie, dont une main fine et douce étouffa l'explosion sur ses lèvres.

Ce n'était plus Rhodez que Tarneau avait devant les yeux : c'était une jeune femme ravissante d'éclat. Toutes ces grâces, toute cette jeunesse, toute cette beauté, que l'habit d'homme avait éteintes, venaient de reprendre leur lumière et leur éblouissante splendeur sur ce corps et sur ce visage de seize ans. La jeune femme avait involontairement frissonné d'admiration et d'étonnement en se voyant ainsi transformée.

— Que vous êtes imprudente, Blanche! dit Tarneau après un moment de muette contemplation.

— M'en voulez-vous, mon seigneur et maître, fit la jeune femme en souriant, m'en voulez-vous de vous exposer à me redire enfin, après deux mois, que je suis toujours votre petite Blanche?...

— Merci pour ce bonheur, Blanche ! merci encore pour ta constante affection, pour ton dévouement, pour...

— Pour ma discrétion, allais-tu dire, n'est-ce pas ? Mais ne suis-je pas de moitié dans le rêve que tu as édifié ? et ne devais-je pas craindre de le faire écrouler au souffle d'une parole ? Oh ! crois-le, il y a moins d'ambition dans ma tête que de tendresse dans mon cœur... ou du moins si je suis ambitieuse, c'est pour toi, car je suis ton esclave ! Tu m'as dit : Marche ! et j'ai marché ; — cache ton amour, et je l'ai caché ; dérobe la femme aimée sous l'habit d'un obscur courtaud de boutique, et j'ai fait ce que tu m'as commandé. Tu me dirais maintenant : — Donne ta vie, — que je te répondrais : — Prends-la, pourvu que tu sois heureux, grand et glorieux !

— Oh ! c'est bien, cela, Blanche ! — Mais sauras-tu te résigner jusqu'au bout, pour assurer la réalisation de ce rêve ?

— Je me résigne à tout, s'écria la jeune femme, à tout, excepté...

Et elle s'arrêta, comme hésitant devant la pensée qui lui était venue.

— Eh bien ! achève, fit Tarneau.

— Excepté, reprit-elle, à perdre ton amour.

— Oh ! ne crains rien, Blanche, ne crains rien de cela !

— Et à une condition... encore...

— Laquelle ?

— C'est que tu me permettras, comme ce soir, d'interroger parfois ton cœur pour m'assurer qu'il n'a pas changé.

Le lendemain matin, quand nos trois personnages se rencontrèrent devant leur hôte, l'humble amant de Blanche tenait à distance le passager Rhodez, et l'abbé Desnoyers ne parlait qu'avec un respect mêlé d'humilité au comte de Tarneau.

Les belles et grandes façons du jeune gentilhomme, son esprit, sa beauté, sa distinction n'avaient pas manqué de produire sur Duval-Férol une profonde et singulière impression. Il ne lui paraissait pas que ce fût là un homme ordinaire.

Précisément, pendant que Tarneau et Desnoyers se livraient à leur mystérieuse conférence, Duval-Férol avait entraîné dans sa chambre le chevalier Nadau, lieutenant du roi pour le quartier du Marin, et lui avait fait part de ses observations. Nadau pensa que sa qualité de fonctionnaire l'obligeait absolument à réfléchir sur ce point délicat. Or, pour Nadau, réfléchir était une importante et laborieuse opération, d'autant plus pénible qu'elle avait rarement de résultat.

Il se leva donc d'un air très-grave, fit quelques pas dans l'appartement, le front appuyé dans la main, et au bout de quelques instants il revint s'asseoir. La sueur ruisselait sur son visage, et ses deux gros yeux qui lui sortaient de la tête, reflétaient le néant de son esprit. M. le lieutenant du roi avait bien eu l'intention de réfléchir, il avait même fait de sérieux efforts dans ce but; mais il n'y était point parvenu.

— Eh bien! qu'en pensez-vous? lui demanda Duval-Férol.

Obtenir de Nadau une réponse à une telle question était exiger l'impossible. Il épongea son front avec son mouchoir, et regarda d'un air stupéfait Duval-Férol, qui lui répéta sa question.

— Je crois comme vous, répondit enfin Nadau, sur un ton solennel, que nous nous sommes gravement compromis, il ne faut pas nous le dissimuler.

— Compromis! s'écria Duval en souriant, et pourquoi donc, mon cher lieutenant?

— Je conçois que cela ne vous inquiète pas, vous; mais moi que ma position de lieutenant du roi engage, moi qui suis responsable..... enfin, vous comprenez.....

Et, ce disant, Nadau se leva de nouveau et voulut recommencer le travail qu'il avait entrepris déjà. Il fit trois tours dans la chambre, puis tomba tout essoufflé sur un siége. Il était cramoisi, mais aussi peu avancé que la première fois.

— Ainsi, mon cher monsieur Duval, dit-il au créole, vous pensez donc que cet homme, auquel vous avez fait un si cordial accueil, est un voleur ou un espion déguisé?

A ces mots, Duval-Férol éclata d'un gros rire qu'il essaya plusieurs fois d'interrompre pour parler ; mais la figure grotesque et niaise de Nadau, que cette explosion de joie rendait comique de fureur et d'étonnement, redoublait son hilarité.

— Mais où diable votre imagination vous emporte-t-elle! s'écria-t-il enfin. Mais nous sommes à cent lieues de nous entendre.

Nadau fut sur le point de prendre au sérieux le mot de Duval, et de croire qu'en effet il s'était livré à de très-grands frais d'imagination.

— Croyez bien, mon cher, reprit Férol, que j'éprouverais moins de souci d'avoir été généreusement hospitalier à un voleur ou à un espion que de ne l'être pas assez dignement à un homme comme peut l'être le jeune comte de Tarneau.

A ces mots, Nadau bondit sur sa chaise, autant que pouvait le lui permettre sa rotondité, et il allait probablement se donner la peine de réfléchir pour la troisième fois ; mais Férol ne lui en laissa pas le temps, car il éveilla un jeune nègre qui dormait dans la pièce voisine, et lui donna l'ordre d'aller prier le capitaine Mondaire de se rendre auprès de lui.

Nadau éprouvait une bien autre émotion alors. Il était pâle et tremblant au moment où Mondaire entra. Questionné sur le jeune comte, sur ses deux compagnons de voyage, le capitaine raconta de quelle façon ils s'étaient rencontrés à son bord, donna les détails les plus circonstanciés sur la nature de leurs relations, et ne laissa pas ignorer que personne n'avait été dupe du mystère dont Tarneau s'entourait. De telles explications ne pouvaient que confirmer les présomptions de Duval-Férol à l'endroit de son hôte.

Quant à Nadau, il avait prêté une extrême attention au récit de Mondaire, dont chacune des paroles provoquait de sa part des exclamations interminables. Après que le capitaine eut fini ses explications, Férol et Nadau se regardèrent en hochant la tête.

— Eh bien? fit Duval-Férol.

— Eh bien! riposta Nadau, je vous le disais bien! ma responsabilité est compromise.

— Qui supposez-vous donc que soit le comte de Tarneau?

— Je n'en sais rien, murmura le lieutenant du roi, et voilà pourquoi j'ai grand'peur. J'ai beau chercher, je ne trouve pas... Or, ma position me contraint à savoir tout... Je m'en vais, dès demain matin, envoyer un message à M. le gouverneur général pour lui rendre compte de l'arrivée ici de...

— De qui? demanda Férol.

Cette question renversa Nadau. Il se leva, fit

trois nouveaux tours dans la chambre, les yeux baissés et comptant le nombre de planches qui composaient le parquet. Puis il revint s'asseoir. Nous savons qu'il appelait cela réfléchir.

— Je rendrai compte au marquis de Caylus, dit-il, de l'arrivée du comte de Tarneau, être mystérieux, dont la présence ici nous a fourni matière à bien des hypothèses. Qu'en pensez-vous, mon cher Férol?

— Vous ajouterez, reprit l'autre, que vous êtes très-fondé à supposer que ce Tarneau cache...

— Vous croyez qu'il cache quelque chose? s'écria vivement Nadau.

— Cache, continua Férol, un haut personnage chargé probablement de quelque mission secrète de la part du roi.

— Mais je vous répète, mon Dieu, balbutia Nadau de plus en plus déconcerté, que ma lieutenance est perdue, que mon honneur est avarié, que je suis un homme mort! Ne devais-je pas voir cela tout de suite, sans attendre le secours de la réflexion, et offrir au comte ma maison, à l'heure même de son débarquement? Mon devoir et ma position me le commandaient; je tâcherai, dès demain, de réparer le mal. Il faut que vous vous résigniez, mon cher Duval, à vous voir enlever votre hôte, c'est chez moi que lui sera fait l'accueil officiel dû à son rang et à son nom...

— Et quel genre d'honneurs lui rendrez-vous, demanda Férol, auxquels il puisse être plus sensible, attendu son incognito, qu'à l'hospitalité franche, cordiale et toute créole que je lui ai donnée ?

Nadau se dressa de toute sa hauteur, et répondit sur un ton solennel et plaisant d'orgueil :

— Il sera logé chez le lieutenant du roi, et cela suffira, monsieur !

Il tint à peu de chose que Nadau n'allât immédiatement réveiller Tarneau, pour le conduire à son *hôtel* qui se réduisait, en définitive, à une pauvre masure en bois, comme étaient alors, et comme sont encore aujourd'hui, la plupart des habitations de nos colonies. Le lendemain, au point du jour, M. le lieutenant du roi, en grand uniforme, se présenta au comte de Tarneau, et lui débita le plus curieux et le plus burlesque des discours qui aient jamais été prononcés depuis l'invention des discours. Tarneau conserva son sérieux avec une courtoisie méritoire, puis s'adressant à Nadau :

— Monsieur le lieutenant du roi, dit-il, j'accepte l'offre que vous venez de me faire. Je ne dois pas vous dissimuler que je m'attendais à ce que la première autorité de ce quartier de l'île vînt au-devant de moi. Vous avez eu le tact et l'esprit de deviner, à peu près, qui je suis ; mais vous ne le savez pas encore bien. Je vais vous l'apprendre...

Il se fit un grand mouvement de curiosité parmi les assistants, qui étaient la plus notable partie des habitants du Marin et quelques officiers du régiment des grenadiers royaux formant la garnison de la colonie. Nadau sentait ses jambes fondre sous lui.

— Messieurs, reprit Tarneau, vous m'excuserez de m'être enveloppé dans les mystères de l'incognito pour arriver jusqu'à vous; mais puisque M. le lieutenant du roi, avec une étonnante perspicacité, a déchiré le voile, laissez-moi vous dire que je suis Renaud d'Est, prince de Modène, petit-fils de S. A. le duc d'Orléans, et frère de madame la duchesse de Penthièvre.

Un frémissement s'éleva du milieu de l'auditoire, et toutes les têtes s'inclinèrent. Le prince s'avança vers Duval-Férol, et lui serrant les mains avec effusion :

— Mon cher hôte, lui dit-il, recevez tous mes remercîments, et vous aussi, messieurs, croyez à ma reconnaissance pour votre bienveillant accueil. Je n'ai point voulu me faire suivre par ma maison; car je comptais vivre ici en simple particulier pendant mon séjour parmi vous. Permettez-moi de vous présenter les deux seules personnes qui m'ont accompagné, M. l'abbé Desnoyers, mon aumônier, et le chevalier Rhodez, le compagnon de mes jeux et de mes études. Qu'ils soient pour vous, messieurs, ce qu'ils sont pour moi, deux amis...

On peut s'imaginer l'impression que produisit cette révélation, faite avec une grâce charmante. Les regards se croisèrent, les chuchotements passèrent de l'un à l'autre. Il y avait là cent personnes abaissées tout à coup au rôle de courtisans; cent personnes qui bâtissaient les plus beaux châteaux en Espagne, et prêtes à se coucher à plat ventre devant un sourire ou une parole du prince.

S'il était venu à l'esprit de quelqu'un de douter de l'identité de Renaud, le témoignage de deux officiers des grenadiers royaux qui se trouvaient là présents, aurait suffit pour détruire toute prévention fâcheuse. L'un d'eux avait servi dans la maison du duc d'Orléans, l'autre avait été page chez madame la duchesse de Penthièvre, et tous deux affirmaient n'avoir jamais vu de ressemblance plus frappante que celle qui existait entre la duchesse et son frère. Une circonstance toute naturelle d'ailleurs légitimait la présence du prince à la Martinique : madame de Penthièvre possédait de grands biens dans la colonie (1).

Une demi-heure après, S. A. était installée dans la maison de Nadau, qui expédia sur-le-champ un second courrier au gouverneur général.

(1) Ces détails sont complétement historiques.

III

Le soir de ce même jour, les salons de M. le lieutenant du roi furent remplis d'une foule d'habitants accourus de tous les points où la nouvelle de l'arrivée du prince était déjà parvenue, pour lui faire leur cour.

Telles étaient les espérances que chacun fondait sur sa présence à la Martinique, que bon nombre de réclamations et de pétitions furent immédiatement déposées entre ses mains, contre l'administration du marquis de Caylus. Et comme les choses marchaient en raison de la facilité avec laquelle s'échauffent les têtes dans ces pays tropicaux, à la fin de la soirée il ne s'agissait pas moins que de renvoyer le gouverneur général, en priant S. A. de lui désigner un successeur. Le prince avait accueilli avec une certaine faveur et une bienveillance marquée toutes les clameurs dont Caylus était l'objet.

On comprendra que l'orgueilleuse satisfaction de Nadau s'était bien vite changée en une mortelle terreur. C'était chez lui, dans sa propre maison, en sa présence, que l'on conspirait ouvertement contre son chef supérieur. Le pauvre homme ne savait où donner de la tête. Il avait beau réfléchir, c'est-à-dire suer sang et eau, il ne trouvait pas le moyen de sortir de cette impasse où il était fourvoyé. Devait-il servir les vues que le prince paraissait vouloir favoriser, ou bien accomplirait-il son devoir, qui lui commandait de dévoiler ces machinations? Se tournerait-il du côté de l'astre levant, ou bien resterait-il attaché aux rayons pâlissants d'un soleil qui menaçait de s'éteindre? Cruelle alternative pour Nadau! Il fût mort à la peine, si le prince lui-même ne fût venu à son secours.

— Monsieur le lieutenant du roi, lui dit-il, vous avez été témoin, ce soir, de tous les griefs articulés contre M. le marquis de Caylus?

— Oui, monseigneur, balbutia Nadau.

— Si Sa Majesté savait la moitié des crimes, car ce sont de véritables crimes, dont se rend coupable celui qui la représente ici, Sa Majesté le punirait sévèrement, à coup sûr.

— Sa Majesté a tant d'amour pour ses sujets!

— Pour moi, le cœur m'en saigne, monsieur.

— Votre Altesse est si bonne!

— Je vous prie donc de faire connaître à M. de Caylus qu'il a été, auprès de ma personne, l'objet de plaintes dont il aura à me rendre compte.

— Monseigneur, c'est mon devoir.

— Ainsi, vous avez déjà informé M. de Caylus de tout ce qui s'est dit et fait ici, ce soir?

— Pas encore, Altesse ; mais demain...

— C'est fort bien !...

Nadau, tout perspicace qu'il se croyait être, n'attribua à cette réponse du prince aucun autre sens que celui d'une approbation entière de sa conduite. La nuance du ton et de l'inflexion de la voix lui avait échappé. Il se sentit soulagé. Une demi-heure après, un troisième message partait à l'adresse du gouverneur général.

Contrairement à l'usage adopté par ses prédécesseurs, M. de Caylus, au lieu de faire du Fort-Royal le siége du gouvernement, avait établi sa résidence à Saint-Pierre, dans l'intérêt de ses opérations commerciales et de ses armements en course, qui le préoccupaient bien plus encore que l'administration de la colonie. Le Marin se trouve à environ une quinzaine de lieues de Saint-Pierre, et le Fort-Royal est entre ces deux localités, à sept lieues de chacune. A l'époque où nous sommes, les routes étaient à peine praticables. On comprendra donc que la réponse du gouverneur aux deux premières dépêches de Nadau ait dû se faire attendre.

Elle n'arriva que quatre jours après. Durant ce temps, le nombre des mécontents avait singulièrement grossi autour du prince. A mesure que son nom pénétrait dans le pays, c'étaient de nouveaux partisans qui accouraient à lui.

L'intendant des biens du duc de Penthièvre fut un des premiers à venir faire acte de soumission et de dévouement. Il rendit en même temps les comptes de sa gestion, sou par sou, denier par denier. Le prince daigna se montrer satisfait, et trouva les choses en si bon état, qu'il commença par prélever sur les revenus une somme de cent cinquante mille écus.

Le Marin était donc devenu comme un foyer d'ardentes espérances mal déguisées, et d'irritations que le prince avait peine à contenir.

Il était naturel que du côté de Caylus les choses présentassent un tout autre aspect. Peu accessible à l'enthousiasme, sceptique par devoir d'abord, et par caractère aussi, il n'avait accepté que sous toutes réserves les premières communications de son lieutenant, à l'endroit du passager du brick *le Coureur*.

Aussi sa réponse était-elle brève et singulièrement hautaine.

« S'il est simplement le comte de Tarneau, écri-
« vait Caylus, et qu'il veuille me voir, c'est mon
« droit d'exiger qu'il vienne à Saint-Pierre. S'il
« est ce que l'on croit et ce qu'il se dit être, il y
« va de son intérêt de se rendre près de moi pour
« se faire reconnaître. C'est à vous maintenant
« d'agir en conséquence. »

Au fond Caylus avait raison. Nadau ne pouvait

se le dissimuler ; et il commençait à se reprocher de n'avoir point laissé à Duval-Férol la responsabilité de l'hospitalité offerte au comte de Tarneau. Nadau se garda donc de montrer à personne cette dépêche sur laquelle il se proposait, d'abord, de réfléchir avant que de prendre une détermination. On pense si cela pouvait être long ! et puis le ton d'autorité qui y régnait faisait pressentir à Nadau une tempête en réponse aux dernières nouvelles transmises par lui. Le pauvre lieutenant en avait maigri et pâli, que c'était à faire pitié.

IV

Renaud d'Est, — nous ne le désignerons plus que sous ce nom, — Renaud d'Est, qui avait des hommes cette expérience que l'instinct donne quelquefois bien avant l'âge, avait compris que l'enthousiasme est comme ces drapeaux que l'on plante au faîte des édifices. Tel vent aujourd'hui fait tourner vers le nord leurs amples plis, tel autre demain les déroulera vers le sud. Il avait donc eu la prudente pensée de s'attacher les ardentes passions qui s'agitaient autour de lui, non point par des bienfaits seulement, car il savait que cette sorte de médaille a un cruel revers, mais par l'intérêt, qui est au cœur de l'homme ce qu'est le boulet au pied, c'est-à-dire qui le fixe au lieu où il se trouve.

Il avait en même temps jeté à l'esprit et au caractère des créoles une amorce infaillible : il les avait captés par la vanité. Il s'était constitué aussitôt une maison d'officiers, de gentilshommes, d'écuyers et de pages, en appelant à lui les plus recommandables de la colonie, dont quelques-uns appartenaient d'ailleurs aux plus illustres familles de France. Rhodez et l'abbé Desnoyers y tenaient, comme on pense, le plus haut rang.

Cet étalage de luxe, de titres, d'emplois, cet éclat enfin auquel les habitants des colonies se laissent toujours prendre, avait eu pour résultat immédiat de resserrer les liens qui unissaient les Martiniquais au prince de Modène. Les adulations et l'enthousiasme dont il était l'objet s'étaient changés en un dévouement sans bornes.

Un matin Nadau, pâle, défait, couvert d'une sueur froide, et tremblant la fièvre, vint annoncer au prince que le capitaine des gardes de M. le gouverneur général, chargé d'une mission spéciale auprès de sa personne, demandait à être introduit.

Le capitaine des gardes, en entrant, demeura comme frappé de respect à la vue de ce beau jeune homme splendidement couvert de riches habits et de dentelles, entouré des principaux officiers de sa maison, et portant sur la poitrine le grand cordon bleu.

Il hésita un instant; mais le sourire et le geste bienveillants que lui adressa Renaud, et le sentiment de son devoir à accomplir, lui rendirent sa présence d'esprit. Il s'avança vers le prince et lui remit une dépêche du marquis de Caylus.

Renaud passa le pli à son secrétaire en lui disant:

— Décachetez et lisez à haute voix.

— Mais, monsieur... monseigneur, balbutia l'officier qui balançait entre les ordres qu'il avait reçus et l'impression qu'il ressentait, cette dépêche doit être secrète...

— Lisez, répliqua Renaud en s'adressant au secrétaire, puis se retournant vers le capitaine des gardes :

— Votre hésitation, monsieur, à me donner le titre qui m'appartient me fait assez pressentir les termes de cette dépêche. Raison de plus alors pour qu'elle soit lue à haute voix, afin que chacun ici sache bien la pensée de M. le marquis de Caylus. Lisez.

Cette lettre du gouverneur général était la reproduction exacte de celle qu'il avait adressée à Nadau, sauf qu'elle trahissait l'irritation du marquis de voir son autorité méconnue et attaquée.

En outre, elle accusait sévèrement le prince

d'être venu jeter le désordre dans la colonie, et le sommait d'avoir à lui rendre compte de sa conduite.

La lecture de cette dépêche excita un douloureux étonnement dans l'auditoire. Renaud, pâle d'indignation, se leva et dit aux officiers qui l'entouraient :

— Vous l'avez entendu, messieurs.

S'adressant alors au capitaine des gardes d'un ton plein de dignité :

— Monsieur, lui dit-il, allez répondre à votre maître que ceux de mon rang et de ma race ne reçoivent point de tels messages, sans punir l'insolence de leurs auteurs. Dites-lui que je suis bien Hercule-Renaud d'Est, prince de Modène ; que je serais en droit d'exiger qu'il vînt pour me voir jusqu'ici ; mais que, par respect pour le roi, et voulant faire honneur au caractère dont il est revêtu, je consens à faire la moitié du chemin : qu'il m'attende donc au Fort-Royal, j'y serai dans deux jours.

Le capitaine des gardes, frappé à la fois de la belle prestance de ce jeune homme, de la fierté de son regard, du ton arrogant de sa parole et de la noblesse de son geste, ne crut pas qu'un autre homme qu'un prince pût parler, regarder, se mouvoir de la sorte.

Il s'humilia et fut rendre compte au marquis de Caylus du résultat de sa mission et de l'impression qu'avait produite sur lui le mystérieux personnage. Caylus sentit qu'il engageait une mauvaise partie en se mettant en lutte avec un homme puissant peut-être par son rang, mais qui l'était à coup sûr par la popularité et l'autorité qu'il avait déjà conquises. Si jaloux donc qu'il fût de l'atteinte portée à sa dignité, il se décida, après bien des hésitations cependant, à partir pour le Fort-Royal. Puis, chemin faisant, il réfléchit qu'il n'était guère admissible qu'un si haut personnage fût venu à la Martinique sans que lui, gouverneur général, en eût été informé.

Caylus craignit alors de tomber dans un piège qui le rendrait ridicule et coupable à la fois. Aussi, à peine arrivé à Fort-Royal, il repartit immédiatement pour Saint-Pierre, en faisant connaître à l'hôte de Nadau sa résolution inébranlable de ne le reconnaître pour prince, et de ne le traiter comme tel, que lorsqu'il lui aurait fourni les preuves authentiques de son identité.

La conduite de Caylus passa aux yeux de tous pour une insulte faite au nom, au rang, au caractère de Renaud d'Est, et pour un attentat contre sa personne auguste. Un cri d'indignation s'éleva de toutes parts.

Tout en acceptant comme un gage d'attachement et de dévouement ces clameurs qui venaient de monter jusqu'à lui, Renaud ne se dissimula pas qu'il se pourrait faire cependant que la fermeté inattendue et l'entêtement de Caylus ébranlassent la conviction des habitants. Il fallait prendre un parti qui lui assurât la victoire.

Il attendit que la nuit fût venue pour s'enfermer avec Rhodez et l'abbé dans un cabinet où ils tinrent conseil sur ce qu'il y avait à faire.

— Mon opinion, s'écria Desnoyers, est qu'il ne faut pas perdre de temps pour marcher hardiment de l'avant et écraser l'orgueil révolté du marquis de Caylus. Si vous hésitez, la popularité qui vous entoure peut s'évanouir. Marchez ; partout où vous vous montrerez vous avez la certitude aujourd'hui de mettre tout le monde à vos pieds; demain peut-être ce serait vous qu'on foulerait sous les talons. Assurez-vous d'abord du concours de ceux qui se sont attachés à vos pas... Sondez leurs intentions d'abord, adroitement, puis rivez-les à vous par de nouvelles faveurs. Agissez en prince ; qu'avez-vous à craindre ? Ouvrez les deux mains devant eux, et laissez-en tomber tout ce que contiennent et ne contiennent même pas des mains de prince. Un encrier, une plume, un morceau de parchemin et une signature au bas de ce parchemin ; cinquante mille, cent mille, deux cent mille écus encore, s'il est besoin, prélevés sur les biens de madame la duchesse de Penthièvre, voilà des leviers assez forts, j'espère, pour soulever la colonie tout entière. Songez donc que M. de Caylus n'a rien de cela à sa disposition. La guerre est déclarée, acceptez-la ; et tâchez de vaincre, ou vous serez battu.

— Vous avez deviné et exprimé ma pensée, Desnoyers. Et vous, Blanche, continua-t-il en s'adressant à la jeune femme, dont les grands yeux bleus étaient ardemment fixés sur Renaud, vous savez que votre parole doit toujours faire poids dans la balance de mes actions... Dites, n'avez-vous aucune objection à présenter?

— Moi! répondit-elle en lui tendant la main; que m'importe ce que vous tenterez ou ferez, monseigneur? Ne suis-je pas l'humble esclave de votre cœur, la compagne de votre gloire comme de vos revers? Marchez ou restez, montez ou descendez, je vous suivrai partout.

Desnoyers ne put dissimuler un mouvement de contrariété, en écoutant ce tendre épanchement de Blanche et en voyant une larme d'émotion briller sur les cils de Renaud. Bien qu'il sût jusqu'à quel point ils étaient attachés l'un à l'autre, il avait comme espéré dans l'intérêt des projets du prince, que quelques nuages auraient assombri l'azur de leur amour. Il se pencha cependant à l'oreille de Renaud, profitant d'un moment où Blanche, inattentive à leur conversation, jouait avec une jeune perruche qu'elle tenait au bout de son doigt.

—N'oubliez pas non plus que vous avez vingt-deux ans, que vous êtes beau, que vous portez le titre de prince, que vous êtes spirituel, aimable et gracieux... par conséquent que vous avez les femmes pour vous, et avec les femmes..

— Oui, répondit Renaud en fronçant le sourcil, mais je ne peux pas, je ne veux pas blesser Blanche.

— Ne vous a-t-elle pas promis de se soumettre à toutes vos volontés, et n'est-ce pas à cette condition que, malgré mes conseils cependant, vous avez commis la folie de l'amener ici ?...

— Je n'aurais pas eu le courage de me séparer d'elle.

— Les femmes vous ont toujours perdu ; qu'elles vous sauvent au moins une fois. La première d'entre elles qui doit vous servir de planche de salut est la sœur de Caylus, jeune et belle veuve qu'on dit fort coquette. Croyez-m'en, demain mettez-vous en route pour Saint-Pierre, et que dans dix jours au plus vous commenciez votre tournée dans l'île. Qu'en pensez-vous ?

— Tout ce que vous dites est fort raisonnable, Desnoyers, et il sera fait comme vous me le conseillez. Demain je veux m'assurer des sentiments de ceux qui m'entourent, et s'ils répondent à mes espérances, sur-le-champ nous partirons pour Saint-Pierre. Maintenant laissez-moi seul avec Blanche, j'ai besoin de la préparer à son rôle.

Desnoyers sortit. Renaud demeura rêveur un instant, puis il se leva et se promena avec agitation. Blanche, à demi couchée dans un hamac, suivait avec une certaine anxiété chacun de ses mouvements.

Blanche n'eût pas voulu troubler la pensée de Renaud par une parole, tant elle avait de respect même pour ses inquiétudes qu'elle n'osait pas interroger. Renaud vint s'asseoir à ses côtés, puis, prenant dans les siennes les deux mains de la jeune femme, il les porta à ses lèvres. C'était le signe qu'elle pouvait librement questionner.

— Vous souffrez, vous êtes inquiet, dit-elle.

— Oui, Blanche, et tout cela à cause de toi.

— A cause de moi ? fit-elle d'un air étonné.

— Je souffre parce que je vais sans doute te faire souffrir, briser tes plus beaux rêves...

— Parlez ! parlez !

— Quand tu me promis, en me suivant ici, d'accepter la vie que je te ferais, le rôle que je t'assignerais, avais-tu assez consulté ton courage et sondé ton cœur ?

— Vous ai-je dit ou laissé voir le contraire ? murmura Blanche avec un accent de reproche.

— C'est qu'aussi, chère Blanche, tu n'avais pas pressenti jusqu'où devait aller l'abnégation que j'exigerais de toi ; cette résignation à te trouver peut-être côte à côte, face à face avec une rivale...

Tu n'en auras jamais dans mon cœur, je te le jure !
Tiens, je te vois pâlir et trembler déjà.

— Ce n'est rien, reprit Blanche, ce n'est rien...
va, continue.

— Cette résignation, tu t'y soumettais parce
que tu l'entrevoyais lointaine, et, qui sait ! impossible peut-être. Tandis qu'aujourd'hui...

— Je devine, s'écria-t-elle en se cachant le visage
de ses deux mains, je devine...

Sa voix fut coupée par des sanglots, et un tremblement nerveux s'empara de tous ses membres.
Elle s'appuya sur l'épaule de Renaud, dont les yeux
s'emplirent de larmes. Blanche, après quelques
instants, se raffermit, et tendant la main à Renaud :

— Eh bien ! dit-elle d'une voix calme et assurée,
tu verras ce que je saurai supporter de souffrances
sans gémir, et dévorer d'humiliations même sans
qu'une larme les trahisse ; et cela pour toi, pour
ton bonheur... J'aurais payé ainsi la félicité de ne
point t'avoir quitté, et, sur mon âme ! c'est acheter à bon compte une telle joie !...

— Oh ! merci, Blanche, merci ! car tu peux
ainsi me sauver l'honneur, la vie peut-être. Mais
tu es bien sûre de ton courage, n'est-ce pas ?

— Oui, pourvu que sur le chemin de ton cœur
je ne rencontre personne, pourvu que j'aie la certitude, quand j'aurai bien souffert, de trouver dans

tes yeux un regard, sur tes lèvres un sourire, à ton front une pensée, comme nulle autre femme ne saurait en espérer !...

— Oh ! je te le jure, Blanche.

— Avec cette croyance-là, Renaud, tu peux faire de moi ton esclave si tu le veux, je t'obéirai...

En acceptant avec une double reconnaissance ce sacrifice, Renaud ne put s'empêcher d'observer que l'accent passionné et fébrile de Blanche révélait un amour trop profond pour qu'elle pût abdiquer aisément sa dignité et ses droits de femme. Il se promit donc d'agir avec prudence en se servant de cette arme puissante dont Desnoyers lui avait conseillé l'usage.

V

Le lendemain matin, M. de Modène fit assembler non-seulement tous les gens de sa maison ; mais encore il invita les habitants du Marin et des localités les plus voisines à se rendre chez lui.

Nadau ne savait où donner de la tête ; il était dans la plus vive inquiétude. Vainement il avait essayé de se rendre compte d'une pareille manifestation ; il prévoyait quelques nouvelles complications dont il ne pourrait sortir sain et sauf.

Vers dix heures, Renaud, qui n'avait voulu ad-

mettre personne auprès de lui, pas même ses plus
intimes officiers, apparut au milieu de la foule.
Il était vêtu des modestes habits d'un simple plan-
teur, c'est-à-dire d'une veste blanche, d'un pan-
talon de toile, et à la main il tenait un large cha-
peau de paille. Il ne restait de lui aucun signe qui
constatât sa dignité. Cette subite transformation
ne laissa pas que de produire une vive impression
sur la foule, et un murmure d'étonnement passa
de bouche en bouche. Il s'avança, d'ailleurs, le
front calme, le sourire sur les lèvres, et tendit
affectueusement la main à ceux qui se trouvèrent
le plus près de lui.

La stupéfaction de Nadau avait été telle, qu'il
avait senti faillir ses jambes et qu'il était tombé
tout d'une pièce assis dans un fauteuil; il resta
bien deux minutes les yeux fixés sur Renaud, les
lèvres béantes et les mains appuyées sur ses larges
cuisses.

Le silence le plus complet régnait dans les rangs
de tout ce monde. Chacun pressentait quelque
chose de grave et de solennel. Renaud prononça
très-lentement, et en épiant avec un œil de lynx
l'impression qu'elles produisaient, les paroles sui-
vantes :

— Messieurs, le devoir d'un prince est de donner, le premier, l'exemple de la soumission et du
respect. Dieu m'est témoin que, fier de l'attache-

ment que vous m'avez voué, mon plus vif désir était de me rendre à Saint-Pierre, au Fort-Royal, dans les principales parties de l'île, pour me mettre en rapport avec les habitants et multiplier les joies de mon cœur en recueillant de leur bouche les témoignages de cette affection dont vous m'avez donné l'assurance en leur nom. Mais je vois que M. le marquis de Caylus prend ombrage de ma présence, qu'il me traite de factieux... Je dois donc me souvenir que je suis ici soumis à l'autorité qu'il tient du roi. En conséquence, je renonce d'abord à m'entourer, comme je l'ai fait, de serviteurs, d'amis aussi dévoués que vous l'êtes ; et...

— Mais non ! mais non ! crièrent trente voix en interrompant le discours de Renaud.

Ceux qui étaient déjà en possession d'emplois s'unissaient à ceux qui en espéraient pour maintenir un état de choses qu'ils avaient intérêt à conserver. Nadau seul avait été sur le point de s'avancer pour féliciter le prince sur cette bonne résolution. Mais il s'arrêta à temps.

— Je renonce donc, messieurs, reprit Renaud, à mon voyage à Saint-Pierre ; je vais vivre désormais dans l'obscurité, comme un homme qui vient tout simplement aviser à ses affaires. Vous voyez, j'ai pris comme vous ces habits ordinaires de la vie et du travail. Je vais me retirer sur les propriétés de ma sœur. A partir de cette heure, il n'existe plus ici de prince de Modène, il n'y a plus que le comte de Tarneau.

Il se fit un moment de silence pendant lequel les principaux habitants semblaient se concerter. Renaud attendait, avec un calme qui n'était qu'apparent, le résultat de cette délibération ; son sang-froid habituel était dominé par une émotion qu'il avait peine à maîtriser, et qui se manifesta par une vive contraction de ses lèvres.

Enfin, après quatre ou cinq minutes d'attente, Duval-Férol s'avança.

— Monseigneur, dit-il, je crois être l'interprète de tous mes compatriotes en venant vous supplier de renoncer à de tels projets qui brisent toutes les espérances que nous avions fondées pour l'avenir. M. de Caylus voit en vous le sauveur de la colonie qu'il a perdue par sa mauvaise administration. Et il ajoute à ce crime un crime plus grand encore, celui de manquer de respect à un prince de sang royal. Partez pour Saint-Pierre, allez-y en prince, accompagné de vos fidèles serviteurs, et Caylus sera bien forcé de venir courber le front devant vous.

Un tonnerre d'applaudissements accueillit ces paroles. Renaud avait repris toute sa sérénité habituelle. Nadau, pour la première fois de sa vie, avait eu la pensée assez rapide pour entrevoir que le prince devenait plus puissant que jamais. Aussi fut-il un de ceux qui crièrent alors le plus haut : Vive le prince de Modène !

— Que Caylus n'oublie pas, reprit une autre voix, que quelques-uns de ceux qui vous entourent, Monseigneur, avaient été les premiers, il y a trente ans, à s'emparer de la personne de M. le marquis de la Varenne, gouverneur comme lui, et comme lui coupable du même crime, de mal nous gouverner (1).

Le résultat de cette réunion avait dépassé les espérances de Renaud. Deux heures après, couvert de splendides habits et de tous les insignes de son rang, entouré de toute sa maison et d'une foule immense, il s'apprêtait à partir pour le Fort-Royal, après avoir donné l'ordre à Nadau de se rendre à Saint-Pierre pour prévenir Caylus de son arrivée.

La foule fit un cortége splendide au prince de Modène, qui sur toute la route fut accueilli par les acclamations les plus populaires. Blanche, dans un ravissant costume de page, chevauchait à ses côtés, plus fière et plus heureuse des regards que Renaud, de temps en temps, attachait sur elle, que de tout ce faste et du glorieux triomphe de son amant.

(1) Voir le *Gaoulé*.

A quelque distance du Fort-Royal, les troupes et la milice, sous les armes, attendaient le prince. M. de Gérardin, procureur général, et l'autorité la plus considérable de la ville, à la tête de la magistrature, vint au-devant de lui, le harangua officiellement, lui offrit son hôtel pour demeure, et le traita *princièrement*, comme le rapportent les chroniques du pays et les documents officiels.

Ce premier pas fait par Renaud dans la voie où il était entré, lui avait assez montré l'influence que son nom et sa seule présence exerçaient sur les habitants de la colonie.

Le Prince resta deux jours à Fort-Royal et s'embarqua pour Saint-Pierre. Plus que lui encore, Blanche éprouvait une singulière émotion. Elle pressentait que c'était là aussi qu'allait se livrer un combat où sa tendresse, son dévouement et son bonheur se trouveraient en jeu.

Voyons d'abord ce qui s'était passé à Saint-Pierre.

Déjà le bruit du prochain départ du prince était arrivé jusqu'au marquis de Caylus, qui en avait manifesté une grande colère. Quand le malheureux Nadau vint pour lui confirmer cette nouvelle, le gouverneur général, qui n'avait osé frapper ce vaste complot contre son autorité au foyer même où il s'organisait, profita de la présence du lieutenant à Saint-Pierre pour emprisonner celui-ci, ce qui permit à Nadau de réfléchir et de penser que Caylus n'était pas encore un astre si bien couché qu'il ne pût faire sentir le poids de ses rayons.

Cette première vengeance accomplie, Caylus songeait à prendre des mesures violentes contre l'entrée du prince dans la ville, lorsque sa sœur, la comtesse de Monrocq, entra dans son cabinet où il se promenait en proie à une vive agitation.

La présence de la comtesse, en qui Caylus avait une grande confiance, le calma un peu. Il s'assit et fit signe à sa sœur de s'asseoir à ses côtés.

— Vous avez compris, chère sœur, que j'aurais besoin de vos conseils, et vous êtes venue à moi ; c'est bien ; merci !

— Je regrette seulement, dit la comtesse d'un ton, moitié amical, moitié mécontent, que vous ayez eu recours à moi si tard. Voulez-vous que je m'explique nettement ?

— Je le désire.

— Eh bien ! mon cher frère, vous vous êtes exposé vous-même aux fureurs de l'orage qui gronde contre vous. Vous avez manqué d'abord d'énergie, puis de tact, et enfin d'audace. Voyez où cela nous a réduits ! Il fallait, dès le jour où vous avez appris l'arrivée de Renaud au Marin, lui donner l'ordre de se rendre à Saint-Pierre, et appuyer cet ordre de telle façon qu'il n'y pût désobéir. Du moment où vous aviez donné au prince le temps de se faire reconnaître et de s'entourer de partisans, ce n'était plus le cas de faire acte d'autorité aussi brutalement que vous vous y êtes pris. Il ne fallait pas vous mettre en rébellion contre le sentiment public de manière à appeler sur Renaud toutes les sympathies et à soulever contre vous toutes les haines. Voyez où vous en êtes réduit à cette heure : à être contraint de fuir devant cet homme, à quitter Saint-Pierre au moment où il y entrera; car ce n'est plus de la joie, c'est du délire ; ce n'est plus de l'enthousiasme, c'est de la fureur que le peuple va marquer à son arrivée.

— Vous ne m'avez dit que ce que j'aurais dû faire, ma sœur, et pas encore ce qu'il me reste à faire.

— C'est que le soin de l'avenir me regarde à présent. Vous partirez d'ici ; moi j'y resterai pour accueillir le prince, en vrai prince, entendez-vous bien? Vous avez tout compromis, c'est à moi de réparer le mal.

— Et par quels moyens ?

— C'est mon secret.

Il convient que nous disions quelques mots de la comtesse de Monrocq, qui a joué un rôle important dans cette histoire.

C'était une femme dans toute l'acception du mot, et qui appartenait à un de ces types que la galanterie peut regretter, mais que la morale a gagné à voir disparaître. Veuve, presque au lendemain de ses noces, d'un gentilhomme ruiné au service, mais dont elle avait résolu de relever la fortune, elle reporta toute cette ambition sur l'avenir de son frère, officier de marine, d'ailleurs d'une brillante valeur. Elle obtint pour lui le gouvernement général des îles, et l'y accompagna par ordre du roi.

Au moment dont nous parlons, elle n'avait pas beaucoup plus de vingt-cinq ans. Elle était dans tout l'éclat de la beauté, d'une beauté sympathique et captivante. Elle était fine, coquette, adroite, savait faire parler avec une rare éloquence les plus charmants yeux du monde, quand elle jugeait prudent ou nécessaire de clore les lèvres.

Telle était la femme entre les mains de qui allait reposer le sort du prince de Modène.

Quelques heures après la conversation qu'il avait eue avec sa sœur, le marquis de Caylus avait quitté Saint-Pierre pour se retirer au Fort-Royal. Le lendemain au point du jour, une petite goëlette à bord de laquelle se trouvait embarqué Renaud doubla la pointe du Carbet, et vient jeter l'ancre en face de la ville. La Bourdonnais, qui avait sous ses ordres trois vaisseaux de la Compagnie des Indes mouillés en rade de Saint-Pierre, les fit pavoiser immédiatement, envoya des chaloupes au-devant du prince pour le débarquer avec sa suite, et le salua de vingt et un coups de canon au moment où il mit pied à terre.

Sur le rivage, à l'endroit où devaient aborder les chaloupes de La Bourdonnais, on avait formé une ceinture de soldats pour contenir la foule. Au centre étaient réunies les principales autorités de la ville dont il fallut subir les allocutions et protestations, que l'impatience et les acclamations de la population interrompaient à tout instant. La ville de Saint-Pierre, bâtie sur le versant d'une montagne et extrêmement accidentée de mouvements de terrain, ne permet pas l'usage des voitures, de sorte que l'on avait fait préparer des chevaux pour le prince et sa suite. Celui que monta Renaud était couvert de draperies, de bandelettes, et même de fleurs.

Ne sort pas qui veut, facilement, des bras d'une foule qui vous étreint, soit pour vous caresser, soit pour vous étouffer. Renaud s'en aperçut bien. Quand on vit ce beau jeune homme splendide et majestueux sous ses riches habits, grand et imposant de dignité, des cris unanimes éclatèrent à couvrir la voix de la mer, docile ce jour-là comme si elle se fût mêlée à la fête. Les efforts des troupes, entraînées elles-mêmes, devinrent impuissants à contenir les masses de plus en plus échauffées, et Renaud se trouva bientôt entouré de toutes parts et dans l'impossibilité de faire avancer son cheval d'un pas.

Jusque-là personne n'avait songé à Caylus, dont le nom paraissait même oublié de la foule, lorsque quelqu'un s'étant avisé de hurler :

— A bas Caylus !

Ce cri eut pour écho celui-ci :

— Le prince à l'hôtel du gouverneur ! Caylus est parti, il n'est plus notre gouverneur ! Vive le prince de Modène !

Un frémissement de joie courut par tout le corps de Renaud : il se voyait ainsi maître de la colonie. Mais tout à coup les rangs s'ouvrirent. Le supérieur de la riche et puissante congrégation des jésuites venait offrir à Renaud, au nom de la congrégation, un asile dans leur splendide maison, qui est restée l'une des plus belles, sinon la plus belle propriété de la Martinique. L'hôtel de Caylus, comparé à cette magnifique habitation, n'était qu'un pauvre réduit indigne d'un prince.

Renaud avait accepté l'offre qui lui était faite. L'habitation des Jésuites était située hors de la ville, à une assez grande distance du lieu où se trouvait le cortége. Il fallait, pour y arriver, traverser la ville de Saint-Pierre dans toute sa longueur. Le Révérend Père et les membres délégués de la congrégation ouvrirent la marche, et le cortége se mit en mouvement. Blanche était toujours aux côtés de Renaud.

La foule bigarrée qui suivait offrait un spectacle

curieux, pittoresque, fantastique même. C'était un étrange pêle-mêle de têtes noires, blanches, jaunes ; de riches costumes, de haillons ; d'épaules et de poitrines nues ; et tout cela chantant, criant, hurlant.

Renaud fut obligé de passer devant l'hôtel du marquis de Caylus, dont les portes et les fenêtres étaient hermétiquement closes. L'aspect de cette maison abandonnée de ses hôtes ranima un peu les espérances de la foule, et de nouveaux cris : « Chez le gouverneur ! chez le gouverneur ! » furent proférés avec enthousiasme. Le prince ne put répondre que par des signes qu'il voulait continuer sa route.

Mais comme si la fatalité s'en fût mêlée, devant l'entrée de l'hôtel, le cheval que montait un des pages se cabra et renversa son cavalier. Le cortége s'arrêta, le prince mit pied à terre et aida lui-même à relever le jeune page évanoui. La porte de l'hôtel du marquis de Caylus s'ouvrit, et une jeune femme reçut le blessé que le prince soutenait toujours dans ses bras. Une vive rougeur couvrit son visage et releva l'éclat de sa beauté. Desnoyers, qui se trouvait aux côtés de Renaud, lui murmura tout bas :

— C'est la comtesse de Monrocq, la sœur de Caylus... Allons, tâchez de jouer votre rôle de prince, comme j'espère jouer mon rôle d'abbé.

Le prince leva les yeux vers la comtesse, et leurs regards se croisèrent, rapides comme des éclairs. Un monde de pensées venait de se révéler à l'un et à l'autre. Blanche, témoin de ce spectacle, et à la vue de cette femme, dans qui elle pressentait une rivale peut-être, tressaillit et déchira, de ses doigts crispés, une magnifique dentelle qu'elle portait à ses manchettes.

— Elle est à vous, Monseigneur, lui souffla Desnoyers à l'oreille.

— Il m'appartient maintenant ! murmura la comtesse en saluant le prince, qui remonta à cheval pour gagner la demeure des jésuites.

La ville de Saint-Pierre n'était point encore à cette époque ce qu'elle est devenue, surtout ce qu'elle fut pendant un temps ; mais déjà elle renfermait dans son sein tous les éléments qui lui ont mérité plus tard le surnom de *Paris des Antilles*.

Sa position pittoresque, les goûts de vie somptueuse qu'y avaient apportés les gentilshommes échappés de Versailles, tout en faisait déjà un ravissant séjour. Il suffisait de le vouloir pour y trouver le plaisir. Un coup d'archet mettait la ville sur pied, et tous les vices comme toutes les splendeurs de l'existence luxueuse y abondaient. La maison des jésuites, avons-nous dit, était digne d'un prince. Il n'est pas, en effet, beaucoup de riches châteaux en France qui soient plus beaux que cette riche habitation. On y arrive par une large et splendide avenue d'arbres centenaires ; une vaste grille en garde l'entrée, et la maison, percée de cent croisées, est élevée sur de hauts perrons qui lui donnent un aspect tout à fait seigneurial. Tout autour sont plantés de magnifiques arbres qui lui projettent une ombre épaisse. La façade seule est dégagée et permet à l'œil de s'égarer en toute liberté sur l'immensité de la mer. Aujourd'hui les dernières maisons de la ville arrivent jusqu'à l'extrémité de la longue allée dont nous avons parlé.

Le prince de Modène, en franchissant le seuil de la grille, trouva toute la congrégation assemblée sur les marches des perrons et à l'ombre des allées circulaires. Il mit pied à terre, et fut conduit par le Révérend dans les immenses appartements.

— Vous êtes ici chez vous, Monseigneur, lui dit le Jésuite en s'inclinant profondément, et tout ceux qui respirent dans cette maison vous obéiront en esclaves.

Le premier soin de Renaud fut d'augmenter le personnel de sa maison de tout ce qu'il rencontra de gens curieux de se faire courtisans. Il avait cour complète, grands et petits levers. Les bals, les fêtes, les galas s'étaient succédé avec une enivrante rapidité. Tous les cœurs, tous les dévouements lui étaient assurés. Nous ne pouvons mieux compléter ce tableau de la toute-puissance acquise par Renaud, qu'en disant qu'atteint de la fièvre pendant quelques jours, la colonie entière tomba dans un deuil complet; les bâtiments de la rade reçurent l'ordre de ne point tirer le canon le matin et le soir; et quand il fut rétabli, on chanta un *Te Deum* dans toutes les églises, la ville fut illuminée, il y eut partout des feux d'artifice.

La comtesse de Monrocq, on se le rappelle, s'était donné la mission de réparer la faute de son frère en attirant le prince dans les filets de sa coquetterie, de manière à le retenir comme prisonnier; de son côté, Renaud, poussé par Desnoyers, avait entrepris de conquérir Caylus par sa sœur.

La rencontre fortuite dans l'hôtel du gouverneur les avait une première fois rapprochés, et ils s'étaient sentis naturellement attirés l'un vers l'autre. Ils obéissaient à un appel magnétique plus puissant que les calculs qu'ils avaient l'un et l'autre arrêtés à l'avance. Le lendemain même de l'arrivée du prince, la comtesse s'était présentée chez les jésuites et avait demandé à être introduite auprès de Renaud pour solliciter une grâce à laquelle il avait bien songé déjà, la mise en liberté de ce pauvre Nadau. Ce n'était plus déjà l'intérêt qui guidait la comtesse, elle avait saisi le premier prétexte qui s'était offert à son imagination.

Il ne fallut pas plus de deux ou trois entrevues

pour que l'un et l'autre, négligeant le but qu'ils s'étaient proposé, donnassent à leur mutuelle séduction un bien autre attrait. Une jeune femme telle que la comtesse, un jeune homme beau, séduisant, comme l'était Renaud, ne jouent pas impunément un jeu aussi dangereux sans oublier bien vite quelle partie ils avaient engagée.

Les choses en étaient arrivées à ce point, que Caylus se crut trahi par sa sœur et se repentit de lui avoir laissé entreprendre une pareille œuvre.

Blanche, de son côté, résignée à tout sacrifice de nature à servir les intérêts et les projets de son amant, n'avait point abdiqué pour cela son amour, ni renoncé par conséquent aux cuisantes douleurs de la jalousie. Renaud lui avait facilement persuadé d'abord que l'honneur seul de sa cause était engagé dans cette lutte avec les beaux yeux et les sourires adorables de la comtesse. Blanche s'était soumise en apparence, mais son instinct de femme veillait. Peu à peu elle avait senti décroître son influence et vu grandir l'ascendant de la comtesse.

A la requête de cette dernière, le prince avait distribué des lettres de noblesse à divers habitants de la colonie, et avait fait acte de souveraineté en graciant des condamnés. Une seule fois, Blanche invoqua sa clémence en faveur d'un matelot déserteur, et Renaud se montra sourd à ses prières.

— Je suis trahie ! s'écria-t-elle avec désespoir.

Mais je veux m'en assurer, et si cela est, trahison pour trahison alors !

Sa vie, de ce jour, se passa à dissimuler et à espionner.

Trois mois s'étaient écoulés depuis l'arrivée de Renaud à la Martinique. Ces trois mois avaient été parfaitement employés à conquérir pied à pied l'affection, le dévouement, l'enthousiasme des habitants. L'autorité du prince avait complétement effacé celle du marquis de Caylus.

Le prince commandait seul, à lui seul on obéissait. Déjà à plusieurs fois on avait murmuré à son oreille des projets de rébellion qu'il affectait de calmer, mais en les excitant en secret. Car il avait marqué l'heure et le jour où devaient se réaliser ses audacieux projets, qui ne tendaient à rien moins qu'à faire arrêter le gouverneur général et à s'emparer de l'île. Toutefois, par précaution, il fit venir mystérieusement chez lui le capitaine d'un brick de Bordeaux, *le Raphaël*, et retint passage à son bord, avec engagement pris par le capitaine de faire voile, quel que fût le moment où le prince le lui ordonnerait. Ce moment était celui où devait éclater la rébellion. En cas de succès immédiat, Renaud restait ; en cas de défaite ou même d'hésitation, il s'embarquait aussitôt, et sa fuite pouvait sembler toute naturelle. Il eût simplement paru blâmer ce mouvement populaire comme une atteinte portée à l'autorité du roi, et il eût affecté de vouloir échapper au triomphe qui l'attendait. Le jour de la Saint-Louis était la date arrêtée pour la mise à exécution du complot.

Quelques jours auparavant, Blanche, qui avait la certitude morale de la trahison dont elle était victime, et à qui il ne manquait plus qu'une preuve, fut un soir trouver une jeune fille de couleur, maîtresse du matelot dont le prince lui avait refusé la grâce. Cette fille était précisément une des esclaves de la comtesse de Monrocq.

— Veux-tu obtenir la grâce de ton amant? lui demanda Blanche, toujours déguisée sous son costume de page.

— Que faut-il que je fasse?

— La comtesse de Monrocq, je le soupçonne du moins, a des relations intimes avec le prince. Ne crains rien, et quand tu m'auras dit le lieu où ils se rencontrent, je te promets alors la grâce de ton amant.

L'esclave hésita un instant, elle parut réfléchir, puis dit à Blanche :

— Soit !

— Et quel est le lieu de leurs rendez-vous ?

— Une maison appartenant à un vieux marchand de la ville, et qui se trouve près de *Tricolor*, l'habitation du marquis de Caylus.

— Arrange-toi pour me prévenir de leur première rencontre.

Blanche se retira en réfléchissant sur l'issue que pourrait avoir une telle révélation. Mais elle était encore indécise sur qui tomberait sa vengeance, sur le prince ou sur la comtesse. Elle laissa au hasard le soin de décider.

Le soir de ce jour même, la jeune esclave se présenta chez Blanche et lui remit en secret une lettre. Elle était de la comtesse au prince. Blanche n'y vit qu'une chose, un rendez-vous donné pour le lendemain, dans le lieu habituel. Blanche allait froisser le papier entre ses mains crispées, mais elle s'arrêta en songeant qu'il importait que ce billet parvînt à son adresse.

— C'est bien, dit-elle, ce rendez-vous est pour dix heures du soir ; à huit heures attends-moi à la grille de la maison, tu me conduiras. — Je puis compter sur toi, n'est-ce pas ?

— Oh ! certes.

A l'heure convenue, Blanche sortit furtivement, et, en longeant la vaste grille de la maison des jésuites, elle aperçut une ombre dont la silhouette se dessinait au pied d'un tamarinier. Elle s'avança et entendit une voix qui murmurait dans une sorte de langage mystique un chant monotone et inintelligible. — A mesure que Blanche approchait, l'ombre, en se dressant, grandissait, et quand elle fut à portée de voix :

— Est-ce toi ! dit-elle.

— Je vous reconnais, répondit la jeune mulâtresse ; je suis prête.

Blanche était vêtue de son costume de page. Toutes deux s'acheminèrent silencieusement vers la maison mystérieuse qui était à quelque distance de la ville. Quand elles furent à la porte, elles aperçurent à travers les gerçures des jalousies les rayons douteux d'une faible lumière.

— Qui donc est déjà là ? demanda Blanche.

— Ma sœur qui prépare le souper du prince et de la comtesse.

— Pouvons-nous entrer ?

— Oui.

— Et tu sauras me cacher dans une pièce où l'on ne me découvrira pas ?

— Soyez tranquille, et dès qu'ils seront ensemble, je vous conduirai dans la chambre voisine du salon, et vous verrez tout ce que vous désirez voir.

— Entrons alors.

Bientôt après on entendit le pas de deux chevaux qui s'arrêtaient, et la porte de la maison s'ouvrit devant les deux amants. Blanche, cachée dans la pièce attenante au salon, où était servi un splendide souper, tremblait de tous ses membres. A travers une porte à jalousies elle pouvait tout voir, tout entendre.

— Ainsi donc, mon cher Renaud, dit la comtesse en tendant au prince ses deux mains blanches et fines, vous avez des pressentiments lugubres, vous parlez de mort comme si vous alliez livrer quelque grande bataille.

— Aussi, ma belle Christine, ai-je voulu vous voir ce soir... Qui sait si ce n'est point pour la dernière fois que je pourrai presser cette douce main contre mon cœur? Qui sait?... Mais pardon, Christine? j'avais compté sans le charme de vos regards, sans l'éclat de votre sourire... Non, tenez, ne parlons plus de cela. Près de vous, je ne rêve plus qu'à une vie toute de bonheur et longue comme l'éternité!...

— A la bonne heure, Renaud! et si je voyais une larme briller dans vos yeux, eh bien! je ne pourrais m'empêcher de croire que c'est une larme de joie, et non de douleur!...

Blanche étouffa sur ses lèvres, en mordant son mouchoir, un cri de rage ; et elle sentit sa main s'égarer dans les plis de son pourpoint, comme pour y chercher un poignard.

— A présent que je suis sûre de votre cœur, reprit la comtesse en se penchant vers Renaud, voulez-vous que je vous confie un doute qui m'a longtemps obsédée?... Nous autres femmes, nous avons une seconde vue que Dieu nous a donnée. J'ai cru longtemps que votre jeune page...

Renaud rougit légèrement, mais se contint bien vite ; pas assez vite cependant pour que son émotion échappât à la comtesse.

Blanche avait frissonné.

— Eh bien, reprit la comtesse, j'ai cru longtemps que ce jeune page était une femme.

— La plaisanterie est superbe ! Et si votre seconde vue ne vous a servi qu'à découvrir cela, chère Christine, il faut avouer que Dieu vous a fait là un cadeau inutile.

— Je persiste dans mes soupçons, cher prince.

— Allons donc ! c'est tout simplement le fils d'un des officiers de la maison de M. le duc de Penthièvre.

— Écoutez, prince ; un homme ne surprend pas aussi vite que votre page l'a fait le secret de notre amour, dès le jour où nos yeux seuls se l'étaient avoué. Il n'y a qu'une femme qui puisse deviner ainsi.

— Et qui vous a dit, reprit Renaud avec une certaine inquiétude, que Rhodez ait deviné ?

— La haine que j'ai lue dans ses regards alors qu'ils se rencontraient avec les miens, la jalousie qui débordait de chacun des amers sourires qu'il m'adressait, le fier mépris dont il semblait m'accabler, enfin, mille choses qui ne se définissent pas, mais qui se sentent. Renaud, ce Rhodez est une femme ; ne le dissimulez pas, vous ne le pouvez plus...

— Je vous jure !...

— A quoi bon ce serment ? Je vous dis que c'est une femme !...

Renaud resta anéanti devant l'énergique affirmation de la comtesse. Son silence répondit pour lui.

— Avouez donc ! reprit Christine d'une voix vibrante. Mais vous trouverez tout naturel que j'exige de vous que cette femme parte pour la France ; elle a sur moi l'avantage d'être à vos côtés toujours, de vous servir ; elle a des priviléges que je n'ai point, que je ne puis avoir... faites-la partir... sinon c'est moi qui lui céderai la place...

La comtesse s'était levée, et son regard enflammé marquait l'énergie de sa résolution. Renaud hésitait encore. Blanche, qui avait été sur le point de faire irruption dans la pièce, s'arrêta tout à coup. Il lui était revenu au cœur un sublime espoir qu'avait fait naître l'hésitation de Renaud. Peut-être l'aimait-il encore assez pour sacrifier la comtesse. Elle attendait, dans une haletante anxiété, que son bon génie inspirât au prince quelque noble pensée ; et en ce moment, elle adressa au ciel une muette prière.

— Vous comprenez, dit-il à la comtesse, que je ne puis, sans charger ma conscience du poids d'une lourde ingratitude, chasser comme un esclave cette enfant qui m'a donné son naïf amour ; qui, pour me suivre, a tout quitté, famille, patrie, fortune ; qui a renoncé à l'éclat et aux priviléges de son sexe pour cacher sa tendresse et son dévouement sous des habits de page, heureuse seulement qu'un de mes regards vienne la relever à ses propres yeux...

Blanche sentit son âme se dilater sous ces paroles ; et deux larmes mouillèrent ses paupières.

— Vous l'aimez encore ! s'écria la comtesse.

— Non, mais je suis reconnaissant.

— Vous l'aimez, vous dis-je !... Eh bien ! elle ou moi ! choisissez...

Renaud hésita un instant, puis s'écria :

— Vous ! Christine ! Oh ! vous seule !

— Elle partira donc ?...

— Demain, je vous le jure. Je trouverai un prétexte pour l'éloigner... demain...

A peine ces paroles étaient-elles achevées, que Blanche, ouvrant violemment la porte, apparut pâle et tremblante. Renaud tomba comme frappé de la foudre sur un sofa, où le geste menaçant de Blanche semblait l'avoir cloué.

La comtesse, le visage caché dans les deux mains, s'était laissé glisser sur ses genoux, puis s'était affaissée tout à fait. Sur le seuil de la porte on voyait dans l'ombre, immobile comme une statue, la jeune esclave, qui se repaissait avec une joie de tigresse de ce spectacle de vengeance. Blanche était superbe d'indignation. Renaud, après quelques minutes, voulut hasarder une parole.

— Silence, Monsieur ! s'écria Blanche d'une voix terrible ; puis, se retournant vers Christine :

— Et vous, madame la comtesse, relevez-vous.

Tous deux machinalement obéirent à Blanche, qui les dominait toujours du regard et du geste.

— Ma vengeance contre vous, reprit-elle après un silence assez long, sera de vous dire, Madame, par quel homme vous avez été aimée, à quel homme vous avez donné votre amour.

A ces mots, Renaud se dressa subitement, plus pâle qu'un mort. Il voulut faire un mouvement pour se diriger vers la porte. Blanche le saisit par le bras, et l'étreignit avec une force que la colère seule pouvait donner à ses délicates mains de femme. La comtesse recula alors comme saisie d'effroi, et fixa sur Renaud un étrange regard, où il y avait autant de curiosité que d'étonnement. Une pensée, rapide comme l'éclair, traversa l'esprit de Renaud. Il comprit enfin que cet abîme, qu'il redoutait de voir creuser sous ses pas par la jalousie de Blanche, venait enfin de s'ouvrir, et qu'il était perdu. Il rappela soudainement toute son énergie, et fit un effort pour se dégager de l'étreinte de sa maîtresse ; mais celle-ci luttait avec le désespoir de la hyène acharnée à sa proie. Renaud ne put lui échapper qu'en usant de violence. Il poussa si rudement

Blanche, qu'elle chancela et alla tomber au bout de la salle. Sa tête rencontra l'angle d'un meuble, le sang jaillit, elle poussa un cri et s'évanouit. Renaud prit la fuite sans détourner les yeux seulement ; il enfourcha l'un des deux chevaux qui se trouvaient à la porte, et partit ventre à terre. En moins de dix minutes il avait franchi la grille de la maison des jésuites ; et, une heure après, muni de ses effets les plus précieux et de trente mille écus que la veille, l'intendant du duc de Penthièvre lui avait de nouveau comptés, il s'embarquait seul, en secret, sans en avoir donné avis à qui que ce fût, sur le *Raphaël*, tout prêt, comme nous le savons, à mettre à la voile.

Au lever du soleil, le brick bordelais avait perdu la terre de vue.

Revenons à la salle du souper, où nous avons laissé les deux rivales. Deux grandes heures s'écoulèrent avant que Blanche eût repris ses sens et fût en état de parler.

— Oh ! j'ai bien peur, dit-elle en retrouvant la parole qu'il ne soit trop tard maintenant, et que le misérable n'ait pris la fuite... Puis, jetant sur Christine un regard plein d'ironie. — J'oubliais que c'était de vous que je devais d'abord me venger. Vous avez cru, dans votre orgueil, avoir conquis un vrai prince, n'est-ce pas ? et votre vanité de femme était satisfaite... Eh bien ! apprenez que ce Renaud d'Est, que ce prince de Modène... n'est qu'un aventurier.

— C'est impossible !... Mais cette femme est folle ! s'écria le comtesse.

— Folle ! moi ! allons donc ! J'ai toute ma raison, et la preuve, c'est que je vais vous dire que cet homme est un espion anglais, qu'il est venu dans ce pays à l'abri du nom qu'il a emprunté, sachant bien que ce nom lui conquerrait toutes les sympathies. Ce qu'il voulait, c'était de parvenir à chasser de l'île le marquis de Caylus, à s'emparer du gouvernement et à livrer la colonie aux Anglais une fois qu'il eût été maître de tout : de l'armée, de l'administration, des finances, de l'esprit et du cœur des habitants. Après-demain, une révolte fomentée par lui devait éclater. Il avait pris ses mesures pour que son projet s'accomplît avant qu'aucune lettre de France ne vînt dévoiler son audacieuse intrigue. Vous voyez qu'il avait parfaitement réussi. Il faut avouer que vous aviez mis le comble à sa fortune... Ah ! vous ne dites plus maintenant que je suis une folle... Ah ! vous comprenez, j'en suis sûre, vous qui par jalousie exigiez qu'il me chassât, vous comprenez que la jalousie me porte à me venger. Maintenant vous n'avez plus de temps à perdre, arrangez-vous pour qu'on l'arrête, ce misérable, s'il n'est pas déjà parti...

— Il n'a pu quitter la colonie encore, le temps lui a manqué.

— Allez, vous dis-je ; Dieu a mis dans le cœur et dans la tête de cet homme tant d'audace et tant de génie que je ne serais pas étonnée qu'il eût trouvé un moyen, — fût-il surnaturel, — pour s'enfuir.

La comtesse de Monrocq, épouvantée et humiliée à la fois, courut en toute hâte chez M. de Poinsable, gouverneur particulier, et lui fit part de la révélation de Blanche. Poinsable traita Blanche de visionnaire, et déclara qu'il n'oserait pas ordonner l'arrestation du prince. M. de Rancé l'intendant, fit la même réponse. La comtesse comprit alors combien était grande l'influence qu'avait conquise cet aventurier, et combien, par conséquent, devant ces terreurs et le respect qu'il avait imposés, il lui eût été facile d'exécuter son audacieux projet. Comme dernière planche de salut, Christine envoya immédiatement un messager à son frère.

Cependant le bruit de l'étrange révélation de Blanche avait rapidement circulé dans la ville, et, tout en repoussant comme une calomnie cette accusation, chacun accourait à la petite maison où s'était dénouée cette scandaleuse comédie. Quand le jour se leva, la vérité fut connue : le départ du *Raphaël* et la fuite de Tarneau ne laissaient plus de doute. L'abbé Desnoyers fut immédiatement arrêté, et Blanche retenue prisonnière dans la maison. Elle renouvela toutes ses confidences. Caylus de retour à Saint-Pierre reprenait enfin l'autorité qui lui avait échappé. Quelques jours après, une frégate arrivant de France apportait au gouverneur général des dépêches en réponse aux renseignements qu'il avait demandés au ministre.

On le blâmait sévèrement de la légèreté avec laquelle il s'était laissé prendre à ce roman (telles étaient les expressions des dépêches), et l'ordre lui était donné d'arrêter immédiatement Tarneau ; mais il était trop tard.

Desnoyers, qu'on reconnut être un faux abbé fut embarqué et renvoyé en France pour y subir la peine des galères. Duval-Férol, l'intendant du duc de Penthièvre, et plusieurs autres furent arrêtés et subirent des peines plus ou moins sévères.

Quant à Blanche, ni l'importance de ses révélations, ni sa beauté, ni sa jeunesse, ni l'entraînement qui l'avait poussée à la complicité dans un pareil crime, ne purent trouver grâce devant ses juges. Elle fut condamnée à l'infamie de la chaîne, c'est-à-dire aux travaux forcés, que les femmes mêmes subissaient publiquement aux colonies.

C'était pitié pour les gens de cœur de voir celle-là traîner par les rues sa honte et sa douleur, cachant son visage amaigri par les larmes et la souffrance, et en butte à la haine, au mépris, aux sarcasmes de la populace, qui ne la voyait jamais passer par la ville avec ses compagnes de chaîne sans lui jeter de la boue, en la chansonnant sous le nom de *Princesse de la Trahison*.

Un pareil supplice pour une femme telle que Blanche était une mort de tous les instants.

— Mon Dieu, disait-elle parmi tous ceux qui m'insultent ainsi et essayent de me tuer par l'infamie, n'est-il donc personne qui, ayant aimé de cet amour ardent et immense qui fait qu'on suivrait, comme moi, au fond du vice aussi bien qu'au fond d'un abîme, l'homme adoré, n'est-il personne qui me prenne en pitié?

Une nuit que Blanche, en descendant de ce sanglant calvaire, s'était accroupie dans un angle de son cachot, pleurant le front caché dans ses genoux et exhalant ses amères plaintes, la porte de la prison s'ouvrit.

Blanche leva lentement les yeux et aperçut devant elle la tête noire et crépue d'un nègre. C'était un des gardiens de la prison. Il s'arrêta comme ému et attendri devant la douleur de cette femme; et, obéissant à un de ces étranges excès de religion qui sont le caractère distinctif du nègre, il se signa avant de s'avancer vers Blanche.

— *Princesse,* lui dit-il, suivez-moi.

Blanche se leva étonnée de l'inflexion de la voix du nègre qui avait en effet prononcé avec un véritable respect, cette fois, un titre qui ne lui avait jamais été adressé qu'en outrage.

— Que me voulez-vous? demanda-t-elle.

— Vous faire sortir d'ici, répondit le nègre, et vous conduire sur le rivage, où vous attend une embarcation, et de là à bord d'un bâtiment qui, à la pointe du jour, fera voile pour la France.

C'était la liberté, c'était la vie qui s'ouvrait devant Blanche. Elle saisit la main du nègre et fit deux pas pour le suivre; mais ses jambes fléchirent sous l'émotion, elle s'évanouit et tomba à la renverse sur les planches du cachot. Le nègre ramassa ce corps inerte, le chargea sur ses épaules, traversa la cour de la prison sans être inquiété; puis, une fois dehors, il gagna en courant le rivage où une embarcation attendait en effet.

Il déposa Blanche au fond du canot, plongea le creux de sa main dans la mer, et imbiba d'eau les tempes de la jeune femme qui reprit connaissance.

— A bord, maintenant! murmura le nègre. Le canot gagna le large et accosta le bâtiment qui attendait sous voiles.

En posant le pied sur le pont, Blanche poussa un cri, et, reculant de dix pas, vint s'adosser contre un des mâts du navire, muette, immobile, les yeux hagards, la bouche béante... On eût dit la statue de la Stupeur.

Une apparition s'était montrée à elle, sous les

traits d'une femme aux joues amaigries, au front décoloré, aux yeux caves et rongés par les larmes. Cette femme était madame de Monrocq. La comtesse s'avança vers Blanche et lui tendit une main consumée par la fièvre. Blanche hésita à répondre à cet appel.

— Vous refusez de serrer la main qui vous a rendue libre, murmura la comtesse d'une voix à peine articulée.

Alors Blanche, tremblante à la fois d'émotion et de reconnaissance, se laissa glisser sur ses genoux, et, portant à ses lèvres la main que lui tendait madame de Monrocq :

— Merci ! s'écria-t-elle, merci d'avoir eu pitié de moi...

— Blanche, dit la comtesse d'une voix oppressée et que la faiblesse rendait presque inintelligible ; j'ai besoin de vous expliquer comment il se fait que je ne me sois souvenue de vous que si tard. Venez dans la chambre, en bas, venez...

Ces deux femmes, jadis rivales implacables, appuyées l'une sur l'autre, descendirent dans la grande chambre et s'y enfermèrent.

Pendant ce temps le navire avait ouvert toutes ses voiles au vent pour s'éloigner au plus tôt des côtes, car l'horizon était chargé de nuages noirs. La mer houleuse déjà, écumait au large et tout présageait une tempête.

18.

— Après la cruelle nuit, dit la comtesse, où se dénoua cet étrange drame, je sortis de la maison à moitié folle, humiliée, anéantie, vaincue. Le bruit de la honte qui se faisait autour de mon nom et qui monta jusqu'à moi, l'honneur de mon frère perdu, le mien livré en pâture aux chansons et aux sarcasmes de la populace, tout cela jeta le trouble en mes esprits ; et si j'échappai à la folie d'abord, et à la mort ensuite, ce ne fut pas faute d'avoir souffert durant trois mois toutes les tortures de la maladie qui dévore le corps, et de l'humiliation qui ronge l'âme !...

A mesure que la comtesse parlait, sa voix s'exaltait et devenait plus vibrante.

— Je revins à la vie, reprit madame de Monrocq, et je me souvins alors de vous. Je compris, au fardeau de honte que je portais, le poids de celui qui devait peser sur vous. Je mesurai votre douleur à la mienne, vos souffrances à mes angoisses. Je compris... vous le dirai-je ? à l'exaltation de mon amour pour cet homme, la profondeur de votre passion... Je sentis enfin qu'on eût pu, comme vous, devenir son complice par le cœur... et je m'écriai : — Moi je suis libre, quand elle traîne, elle, le boulet infamant !...

La comtesse cacha un moment son visage dans ses deux mains.

— Enfin, continua madame de Monrocq après

un moment de silence, — je résolus de fuir ce pays; mais je ne voulais point le quitter sans vous savoir libre, Blanche. Votre grâce, je la demandai à mon frère. J'obtins seulement du marquis de favoriser votre évasion, de vous faire embarquer sur le même bâtiment qui me ramenait en France.

Blanche tendit sa main à la comtesse et lui dit :

— Si je vous pardonne à vous, je garde contre lui la haine de l'outrage et l'espoir de la vengeance. Je ne sais si le ciel m'accordera ce bonheur... mais ce ne sera pas pour rien qu'il m'aura fait maudire par ma mère mourante, le jour où j'ai fui avec lui mon toit heureux!

Un grand tumulte interrompit tout à coup la conversation des deux femmes. La tempête menaçante venait d'éclater. Le navire, obligé de virer de bord ne pouvait plus quitter les côtes vers lesquelles le vent l'avait ramené. Les lames étreignaient dans leurs bras formidables ce frêle morceau de bois, et l'élevaient vers le ciel pour le laisser retomber lourdement dans les abîmes que la mer lui creusait. Tant que le jour avait duré, les manœuvres avaient été faciles encore; mais dès qu'arriva la nuit, le danger grandit. Plus puissants que tous les efforts de l'équipage et que toute l'habileté du capitaine, les fureurs de la lame et les déchaînements du vent faisaient craquer le navire et abattaient ses mâts.

Pâles, tremblantes, à genoux sur le pont, les deux femmes invoquaient le ciel. Le ciel inexorable leur répondait par des coups de tonnerre et par des fusées d'éclairs qui incendiaient l'horizon. La mer avait tout envahi : la cale, le pont, les chambres. Le navire, comme écrasé dans une dernière étreinte des vagues, s'ouvrit de toutes parts et expira en se brisant contre la pointe d'un rocher.

Quelques instants après, il n'y avait plus sur la cime des flots que des cadavres et des débris de planches et de mâts. Le lendemain matin deux corps de femmes enlacés dans un dernier baiser, dans un suprême adieu, étaient jetés sur le rivage, à moitié ensevelis dans le sable fin et mouvant.

Vers le milieu de la journée, l'un de ces corps était emporté de nouveau par les flots, roulé dans leur écume qui lui servit de linceul, et disparut dans les abîmes de ce tombeau sans fond. L'autre, au contraire, repoussé plus avant sur la terre ferme par les mêmes flots, se trouva, quand la tempête fut calmée, à l'abri de toute atteinte. Le soleil, en reparaissant au front du ciel, réchauffa de ses baisers ce corps inanimé et y rappela la vie.

Le cadavre que la mer dévora était celui de la comtesse de Monrocq ; la femme qui survécut à ce naufrage était Blanche.

Blanche, en revenant à la vie, se trouva seule

sur un rivage désert et encore inhabité à cette époque. La violence constante de la mer dans cette partie de l'île de la Martinique en écartait même les Caraïbes. C'était la partie de la colonie qu'on nomme aujourd'hui le *Macoubac*.

Quelle route suivre pour retourner à Saint-Pierre Partout le chemin lui était fermé par des bois impénétrables ou par des rochers immenses, à travers lesquels la civilisation s'est tracé des voies de communication à peine praticables même de nos jours. Et d'ailleurs, était-ce bien prudent de souhaiter ce retour vers la ville où l'attendait la prison, la mort peut-être ?

Blanche accepta cette nouvelle calamité comme une nouvelle punition du ciel. Elle se confia à la Providence, et se résigna à vivre sur cette plage abandonnée, jusqu'à ce qu'il plût à Dieu ou au hasard de l'en tirer.

Tarneau, on se le rappelle, s'était embarqué sur le *Raphaël* avant que son étrange aventure eût pu arriver jusqu'aux oreilles du capitaine, qui, fidèle à ses engagements, avait mis à la voile tout aussitôt.

La brise était bonne, la mer douce et belle, le *Raphaël* avait donc été en peu de temps hors de tout danger.

— A présent, s'était dit Tarneau, que me voilà à l'abri de toute vengeance, continuerai-je à jouer mon rôle ? Quel intérêt ai-je à cela ? quel profit en tirerai-je ? En abordant au premier port de la France où le navire entrera, je serais évidemment démasqué, arrêté comme un aventurier, jeté dans quelque cachot. Ce sera une triste fin, indigne de moi, indigne de la mission que je m'étais donnée. Me confierai-je au capitaine ? Il serait homme à retourner à la Martinique pour me livrer au marquis de Caylus, s'il me croit simplement un intrigant de bas étage ; quant à lui avouer mon but..., il n'y faut pas songer, car avant cinq minutes je serais pendu à la grande vergue ou noyé au fond de la mer. Le plus court est donc de laisser courir les choses. Danger pour danger, je préfère être arrêté en France, où j'ai d'abord la chance de m'esquiver à mon débarquement ; et en admettant que je sois contraint un instant d'être traité en prince, c'est-à-dire d'être arrêté avant un quart d'heure... eh bien ! le hasard, la Providence, l'un des deux, tous deux peut-être, me favoriseront. — Allons ! c'est décidé ! je reste prince, et à la grâce de Dieu !

Il sembla que ce hasard, sur lequel il comptait tant, favorisait en effet Tarneau. De longs et fréquents calmes ayant entravé le voyage, le *Raphaël*, après soixante-cinq jours de traversée, se trouva en état presque complet de disette.

Il fallut relâcher à Faro, en Portugal. Jamais circonstance plus favorable ne pouvait s'offrir à

Tarneau pour échapper enfin au supplice qu'il endurait. Une fois le pied sur la terre ferme, à travers les honneurs qui allaient lui être rendus, rien ne devait lui être plus aisé que de se dépouiller, d'un jour à l'autre, d'un titre qui lui pesait désormais, et de s'enfuir en Angleterre, par tel chemin qu'il lui plairait de prendre, — si long qu'il fût !

Loin de chercher à garder l'incognito, — tout le succès dépendait de là, — il fit annoncer au vice-roi de Portugal qu'il était le prince de Modène, voyageant à travers le Portugal et l'Espagne pour se rendre en France. On lui envoya une garde, et tous les honneurs dus à son rang lui furent rendus. Le premier soin de Tarneau avait été d'échapper au capitaine du *Raphaël*. Le premier pas était fait. Il séjourna deux jours à Faro, et se mit en route pour l'Espagne, espérant pouvoir, à mesure qu'il avancerait, se dépouiller d'un lambeau de ses dignités, comme un navire prêt à sombrer jette à la mer, pièce à pièce, tout son chargement.

Mais à chaque halte de sa route, au lieu de le fuir, les honneurs s'accumulaient autour de lui ; et son arrivée en Espagne avait été signalée à la cour de France, d'où l'on expédia aussitôt un courrier avec des instructions secrètes. Tarneau fut arrêté à Séville, et jeté en prison. Il parvint, après deux jours de captivité, à s'évader au moyen d'un déguisement, se réfugia dans un couvent de dominicains, et s'y enferma dans la chambre du prieur, qui était alors un asile inviolable.

Il y resta le temps qui fut nécessaire pour qu'on obtînt du général de l'ordre, à Rome, l'autorisation de le livrer. Sommé de se rendre, il jura de vendre chèrement sa liberté ou sa vie. Au moment, en effet, où l'on enfonça la porte de la chambre du prieur, Tarneau tua à bout portant d'un coup de pistolet l'officier chargé de l'arrêter, et, armé d'une longue épée, il se rua dans les rangs des soldats et parvint à se faire jour. Encore une fois il allait peut-être échapper ; mais il fut empêché dans sa fuite par un jeune novice qui le blessa à la tête d'une pierre au moment où il franchissait un mur du couvent.

Son énergie luttait encore contre la mauvaise fortune, mais ses forces le trahirent. Arrivé au sommet du mur, le visage inondé de sang, il chancela, et retomba évanoui dans les jardins du couvent.

Il fut conduit en France et livré à la justice. Madame la duchesse de Penthièvre l'alla visiter dans sa prison, et revint toute stupéfaite de l'étrange ressemblance qui existait, en effet, entre cet aventurier et le prince son frère.

Convaincu du double crime de haute trahison contre un pays français et d'usurpation de titres,

Tarneau fut condamné à la déportation et envoyé au Sénégal.

Mais la mort seule pouvait avoir raison contre la singulière destinée de cet homme. Après deux mois à peine de séjour au Sénégal, Tarneau s'évada, malgré l'active surveillance dont il était l'objet.

VI

Onze ans plus tard, à la suite d'un engagement qui avait eu lieu entre une poignée de Caraïbes et quelques habitants, ces derniers ramenèrent à Saint-Pierre une femme qu'ils avaient faite prisonnière au milieu de leurs ennemis. Ses cheveux étaient blancs; son corps appauvri et dégradé par la fatigue, la souffrance et la douleur, les traits de son visage hâlés par le soleil, son front ridé par une vieillesse précoce, ne permettaient plus à personne de retrouver Blanche dans cette femme.

C'était bien elle pourtant.

Conduite devant les autorités de la ville, on procéda à son interrogatoire. Une foule de curieux était accourue pour voir cette femme qui n'avait de caraïbe que le costume, et que les habitants qui l'avaient traînée à Saint-Pierre avaient déclaré être de race blanche. La pauvre femme promena autour d'elle un regard attentif, et reconnut dans la foule bien des gens qui ne pouvaient la reconnaître.

Et d'ailleurs, qui se souvenait encore de l'aventure du prince de Modène ? Qui se souvenait surtout de Blanche ? Elle affecta d'oublier, devant ceux qui l'interrogèrent, les circonstances qui l'avaient fait se trouver au milieu des Caraïbes. On la vit malheureuse ; on la crut folle. On lui donna la liberté et le droit de vivre de la charité publique. Elle ne demandait rien de plus.

Le jour même de l'arrivée de Blanche à Saint-Pierre, à quelques lieues de la Martinique, à bord d'un vaisseau anglais mouillé à la Dominique, se passait une autre scène.

De nouvelles tentatives avaient été faites par l'Angleterre pour s'emparer de la Martinique ; elles étaient restées, comme les précédentes, sans résultat. Une expédition, commandée par le général Barrington, avait pour but de s'emparer de cette importante colonie. Le général avait besoin, pour s'assurer la conquête, de relations dans l'intérieur de l'île.

Une nuit qu'il parcourait des yeux un croquis des côtes de la colonie, il entendit frapper à sa porte. Un homme entra. Cet homme, un simple matelot de l'équipage, s'inclina respectueusement, et s'avançant vers le général :

— Vous aurez beau, lui dit-il, passer des veilles sur de pareils morceaux de papier, vous n'arriverez pas à vous emparer de la Martinique.

— Qui te l'a dit ?

— Je le sais, voilà tout. Les côtes abordables sont très-bien fortifiées ; les habitants sont braves comme des lions ; vous n'entrerez jamais dans ce pays par la force. Mais là où la force échoue, général, on emploie la ruse ; là où dix mille hommes armés de mousquets et vingt vaisseaux bardés de canons échoueraient, un seul homme peut réussir parfois.

— C'est vrai ; mais il s'agit de trouver cet homme.

— L'avez-vous cherché ? Non ? Eh bien, général, ne cherchez pas cet homme, il est venu à vous.

— C'est toi ?

— Moi-même.

Barrington examina attentivement son interlocuteur, épiant son regard, sa parole, ses gestes. Le matelot resta muet et immobile devant cet examen, et le subit en homme qui sentait qu'on interrogeait son intelligence.

— Comprends-tu bien, — reprit le général, — l'importance de la mission que tu entreprendras ?

— Je l'ai étudiée à l'avance.

— Ah !... et tu sens qu'il ne faut point pour cela une intelligence vulgaire.

— Si je l'avais pensé, général, je ne me serais pas présenté devant vous; car ne vous imaginez pas que la partie soit si facile à jouer.

— As-tu autant d'énergie que d'intelligence, autant de courage que d'énergie, et autant d'audace que de courage?

— Puisque je vous dis qu'il n'est plus nécessaire que vous cherchiez l'homme que vous rêviez !...

Barrington sourit, et frappant sur l'épaule du matelot :

— Je te crois, dit-il, capable de tout. Pourtant, as-tu dans ta vie quelque action qui réponde de toi?

Le matelot leva les épaules, puis, se rapprochant de Barrington avec cet air d'aisance que donne à tout homme la conscience de sa supériorité :

— Voulez-vous me permettre, général, de vous poser une question? Avez-vous eu connaissance d'un certain aventurier qui, il y a onze ans, s'est introduit à la Martinique sous le nom de Tarneau?

— Parfaitement.

— Vous savez que pendant deux mois il se fit passer pour le prince de Modène... Vous savez aussi comment, fait prisonnier par un corsaire anglais, il parvint, aidé par un autre homme et par une femme, à s'emparer du navire. Vous savez encore comment il s'enfuit de la colonie, les ruses qu'il employa pour s'échapper trois fois de prison... Eh bien ! général, cet homme à qui vous venez de reconnaître à la fois l'intelligence, le courage, l'audace, toutes qualités exigées par vous pour la mission difficile qu'il s'agit d'entreprendre, cet homme, c'est moi !

— Toi! s'écria Barrington. Et lui tendant la main, il ajouta : — Je ne te demande plus rien !...

Tarneau, puisque c'était lui, sourit avec une certaine satisfaction.

— Mais, reprit Barrington, après un moment de silence, quel motif avais-tu alors, et quel motif as-tu encore aujourd'hui pour en agir ainsi ? Dans ta conduite, Mocaye, — car c'est bien ainsi qu'on te nomme, — il y a de la haine.

— De la haine ! oui, vous l'avez dit, s'écria Mocaye. Et je vais vous en dire l'origine : Un homme vint un jour sous le toit de ma mère, la séduisit, l'abandonna et la laissa mourir de douleur, de honte et de faim. Cet homme était Français, de plus il était né à la Martinique. Ma mère m'éleva dans la haine de ceux de sa race, et me fit jurer de venger l'outrage dont elle avait été victime. Pouvais-je mieux le faire qu'en livrant à l'Angleterre ce pays ?... Tenez, général, parlons d'autre chose, car je sens mon cœur se gonfler, et... l'amertume qui en déborde monte jusqu'à mes lèvres.

Mocaye s'assit pâle et tremblant, et fut un instant avant de pouvoir retrouver la parole.

— Si je n'avais pas quitté la Martinique il y a onze ans, reprit-il d'un ton grave, je vous dirais : Débarquez vos troupes, je les conduirai où il faudra ; mais depuis ce temps de grands changements ont dû se faire dans le pays. J'ai donc besoin de l'étudier ; j'y retournerai, ne vous inquiétez pas de quelle façon. Quand le moment sera venu, je me présenterai à vous, et je vous dirai : Général, en avant ; l'heure de la conquête a sonné.

Barrington et Mocaye se séparèrent. Peu de jours après, l'espion déguisé, débarquait en effet dans la colonie, où il se donnait pour un négociant hollandais venant y étudier la création d'une maison de commerce. Personne ne l'avait reconnu. Il n'y avait pas une semaine qu'il était à la Martinique, et il y avait mis le temps à profit, lorsque la fantaisie lui prit d'aller jeter un coup d'œil sur la maison des Jésuites, ancien théâtre de ses exploits. En longeant la grille, il s'arrêta tout à coup frappé par la foudre. Une femme, qui semblait errer comme une ombre perdue au milieu du vaste jardin de la maison, s'était arrêtée aussi en apercevant Mocaye, et avait fixé sur lui un étrange regard. Mocaye essaya de hâter le pas pour s'enfuir... Mais elle s'élança vers lui en criant :

— Arrêtez-le, arrêtez-le !

Les Jésuites et quelques passants, attirés par la voix de Blanche, entourèrent Mocaye de si près que la fuite lui devint impossible. Blanche perça cette foule alors, et venant se placer en face de l'espion :

— Me reconnais-tu ! dit-elle.

Mocaye, qui avait repris son sang-froid, fit un signe de tête négatif.

— Eh bien, hurla-t-elle, je me nomme Blanche ; et toi tu es... Cet homme, continua-t-elle en s'adressant à la foule, cet homme est le prétendu prince de Modène...

Mocaye fit un mouvement comme pour se dégager de la foule ; mais Blanche, le saisissant par le bras, s'écria :

— Je vous dis, je vous affirme, je vous jure que cet homme est l'aventurier, — et s'il est ici, dans cette île, à cette heure, alors que les Anglais croisent sur vos mers, c'est qu'il médite encore quelque crime contre vous. Arrêtez-le ! Si je me suis trompée, eh bien ! on lui rendra sa liberté. Il y a ici des gens qui l'ont connu, qu'on les appelle en témoignage ; mais pour Dieu ! arrêtez-le d'abord.

Le ton convaincu avec lequel Blanche prononça ces paroles fit impression sur la foule, qui allait toujours grossissant. Au nombre des nouveaux venus se trouva Duval-Férol. En l'apercevant, Blanche poussa un cri de joie et l'appelant

— Monsieur Férol, Monsieur Férol, venez voir si ce n'est pas là le prince de Modène.

Mocaye ne put s'empêcher de pâlir en se trouvant en face de Férol. Celui-ci l'examina un instant et répondit :

— C'est bien lui !

On s'empara de Mocaye et on le conduisit en prison. Les recherches auxquelles on se livra sur sa personne et à son domicile firent découvrir les traces de la mission qu'il s'était chargé de remplir. Il avoua alors son crime. Un conseil de guerre, présidé par de Beauharnais, gouverneur général, condamna Mocaye à la peine de mort. Il fut pendu, le jour même, à quatre heures de l'après-midi, au milieu d'un concours immense de population.

Au moment où la justice des hommes s'accomplit, et que le supplicié fut lancé dans l'espace, on entendit une voix de femme s'écrier dans la foule :

— Ah ! je suis bien vengée !

On releva un corps inanimé, c'était celui de Blanche !

FIN

Corbeil. — Typogr. et stér. de Crété.

www.ingramcontent.com/pod-product-compliance
Lightning Source LLC
Chambersburg PA
CBHW060634170426
43199CB00012B/1547